채권투자
핵심 노하우

채권투자 핵심 노하우

초판 1쇄 발행 2018년 3월 30일
개정판 1쇄 발행 2023년 8월 31일
　　　 2쇄 발행 2024년 2월 29일

지은이 마경환

펴낸곳 (주)이레미디어
전화 031-908-8516(편집부), 031-919-8511(주문 및 관리) | 팩스 0303-0515-8907
주소 경기도 파주시 문예로 21, 2층
홈페이지 www.iremedia.co.kr | 이메일 mango@mangou.co.kr
등록 제396-2004-35호

편집 이병철, 주혜란 | 디자인 박정현 | 마케팅 김하경
재무총괄 이종미 | 경영지원 김지선

ISBN 979-11-91328-94-3 03320

·책값은 뒤표지에 있습니다.
·잘못된 책은 구입하신 서점에서 교환해드립니다.
·이 책은 투자참고용이며, 투자손실에 대해서는 법적책임을 지지 않습니다.

당신의 소중한 원고를 기다립니다. mango@mangou.co.kr

The Guidebook *for*
Bond Investing

─── 국내채권부터 해외채권까지 ───

채권투자
핵심 노하우

마경환 지음

이레미디어

최적의 채권자산 관리방안을 찾을 수 있는 책

우리나라에서 자산관리 개념이 대두된 지 20여 년이 지났다. 자산관리에 대한 필요성은 절실해졌지만, 어떤 자산을 어떻게 활용해서 소중한 나의 자산과 고객자산을 관리해야 하는지에 대한 구체적인 방안을 제시해주지 못하는 게 현실이다. 투자상품의 전문가를 자처하는 본인도 경험을 바탕으로 자산관리 방안을 고객들에게 제시하고 있지만, 체계적이고 논리적인 자산관리를 실천하지 못한 경우가 많아 늘 아쉬움을 느꼈다.

그러던 중 프랭클린템플턴자산운용에서 투자상품 전략가로 활동하고 있는 저자의 《채권투자 핵심 노하우》를 소개받았다. 채권을 활용한 자산관리를 위해 꼭 알아야 할 내용이 잘 정리되어 있음을 알 수 있었다. 이 책은 채권자산 투자를 위해 어떤 경제변수를 점검해야 하는지, 현재의 경제환경에서 어떤 지역과 어떤 종류의 채권자산에 투자해야 최적의 수익률을 얻을 수 있고, 또한 위험관리를 잘할 수 있는지 명확한 대안을 제시하고 있다. 이 책에서는 최적의 채권자산 관리방안을 찾을 수 있을 것이다.

무엇보다도 체계적인 교육이 필요한 금융회사 영업직원들을 위한 훌륭한 채권자산 투자교재가 될 것으로 보인다. 만족할만한 투자성과를 달성하는 데도 큰 도움을 얻을 수 있을 것이라 기대한다. 고객자산관리 업무를 담당하고 있는 금융회사 직원들에게 채권자산 투자를 위한 전문지식을 습득할 수 있는 기회가 될 것이다.

신긍호, 신한은행 WM그룹 투자일임부 부장

자산관리의 핵심을 속 시원하게 알고 싶다면

최근 직장인들의 관심 1순위는 승진이나 자기계발보다는 다이어트와 재테크라고 한다. 이런 고민은 예전에는 40~50대의 전유물이었으나, 최근 20대 후반까지 그 폭이 넓어졌다. 문제는 자산관리에 대한 관심은 일찍 시작되었지만, 실질적 도움이 되는 가이드 자료는 충분하지 못하다는 것이 현실이다. 바쁜 직장생활에서 투자와 재테크의 올바른 방법을 혼자 깨닫는 것은 대단히 어려운 일이다. 더군다나 섣부른 투자는 잘못하면 원금손실로 이어질 수 있다. 그러니 무엇보다 중요한 것은 투자자산을 정확히 이해하고 자신만의 전략을 가지는 것이다.

이 책은 자동차에 비유하자면 하이브리드차로 비유할 수 있을 것 같다. 채권에 무게를 두고 채권을 설명하고 채권투자 전략을 이야기하지만, 실제로는 채권을 활용한 펀드투자 전략과 넓게는 주식에 대한 전략까지 다룬다. 자산관리의 핵심을 속 시원하게 분석하고 있어 일반투자자들은 물론 전문가들과 학생들에게 유용한 지침서가 될 것으로 보인다.

금융투자 기법은 100여 년 이상 주식과 채권이라는 큰 틀에서 성장했다. 그러다가 최근에서야 대체투자라는 형태로 속도는 느려도 꾸준히 변화하고 발전하고 있다. 그러나 시중에 주식 관련 투자기법을 다룬 책들은 넘쳐나고 있지만, 채권에 대한 책들은 찾아보기조차 힘든 상황이다. 소액으로도 간편하게 매매가 가능한 주식에 비해, 다소 거래단위가 크고 거래방법도 생소한 채권은 상대적으로 개인투자자들의 관심 밖에 있었다. 하지만 실상 전체 투자자산 중 채권의 비중은 이미 주식을 훨씬 넘어서고 있다. 더욱이 채권투자에 관심이 없는 일반인들도 다양한 형태의 채권형펀드(MMF 등)로 이미 채권시장에 참여하고 있다고 볼 수 있다.

이 책은 투자자들이 어렵다고 느끼고 전문성을 필요로 하는 채권투자에 대해 쉽고 속 시원한 분석을 한다는 것에 그 첫 번째 의미가 있다. 또 펀드투자자들에게 필요한 채권투자 지식을 보완해, 펀드투자자들이 그동안 간과했던 펀드투자에서의 채권전략을 꼭 필요한 내용만 분석해 펀드에 접근하는 다양한 방법을 제시하고 있다는 데 두 번째 의미가 있다.

이 외의 채권변수들을 이용해 펀드투자와 주식자산에의 응용방법까지 필요한 부분에 활용할 수 있는 지침서이다. 특히 해외채권에 대한 투자와 접근방식은 국내에서 그 사례를 찾아보기 힘든 새로운 분석과 내용을 담고 있다. 일반인들에게 어려운 투자시기의 선택, 투자 시 고려할 요인들을 해석하는 방법과 접근방법도 상세히 설명하고 있어 많은 도움이 될 것으로 보인다.

저자는 국내외 다양한 금융기관에서 20년 이상 금융상품 관련 업무를 담당한 전문가로서, 일반투자자와 전문적인 투자자들의 니즈에 능통하다. 그래서 이러한 이해를 바탕으로 독자들에게 필요한 지식을 눈높이에 맞게

편집했고, 독자의 수준별로 최적화된 투자지침서를 만들었다고 확신한다. 채권을 어렵다고 느끼는 일반인 혹은 전문가들에게 채권에 쉽게 다가가게 하고, 펀드투자와 다양한 투자전략을 수립하는 데 이 책이 큰 역할을 하리라 생각한다. 그동안 우리가 간과하고 있던 채권투자를 친숙하게 해 우리나라 금융시장 발전에 큰 기여를 할 수 있으리라 생각된다.

권지홍, 현대차투자증권 상품전략실 실장

채권은 우리 곁에 두어야 할 필수 투자수단이다

서점에 들러 재테크 관련 서적을 살펴보다 의아한 생각이 들었다. 주식투자, 선물옵션 투자와 같은 책은 많았지만 전통 투자자산의 한 축인 채권 관련 서적인 별로 눈에 띄지 않았다. 역사가 짧은 비트코인 관련 서적은 왜 그리도 많은지….

정해진 이자지급 조건으로 발행되는 채권은 우리 곁에 두어야 할 필수 투자수단이다. 공기 중의 산소처럼 채권상품은 무수한 금융상품 중 고령화 사회일수록 더욱 진가가 발휘된다. 평생월급처럼 안전마진인 정기이자가 생기는 금융상품이 바로 채권투자 상품이기 때문이다. 하지만 국내외 채권으로 운용되는 채권형 상품은 아는 만큼 길이 보이는 투자상품이다. 투자상품일수록 성공투자 목적지까지 안내해줄 내비게이터와 같은 안내서가 반드시 필요하다. 그런 점에서 《채권투자 핵심 노하우》는 가뭄 끝의 단비와 같은 책이 될 것이다.

저자는 한국 자본시장에서 해외채권펀드 도입 1세대이자 해외채권상품의 최고 전문가이다. 글로벌 금융위기 이후 양극단의 위험성향을 가진 예금과 국내외 주식 이외 변변한 투자처가 없었던 한국투자에 해외채권은 새로운 투자 세계를 열어주었다. 그런 저자가 생생한 실무경험을 바탕으로 들려주는 이야기는 그 자체만으로 흥미롭다. 더욱이 이 책은 채권의 본질을 알기 쉽게 도달시켜줄 뿐만 아니라, 더 나아가 해외채권을 통해 펀드투자의 성공 스토리를 쓰게 해줄 것이다. 일독을 권한다.

박진환, 한국투자신탁운용 상품본부장

훌륭한 글로벌채권 사용설명서

투자에 대한 생각은 너무도 다양해서 '이것은 맞고 저것은 틀리다' 식의 접근이 어렵다. 같은 자산에 대한 투자도 언제 어떻게 했느냐에 따라 각기 다른 경험으로 인식된다. 한국인의 자산비중에서 부동산 비중이 가장 높은 이유는 가격이 비쌀 때 매입한 집이라도 부득이한 경우가 아니면 장기 보유할 확률이 높고, 결국 매입가격보다 상승한 경험이 지속되었기 때문일 것이다.

하지만 인구사이클이 한국보다 15~20년 앞선 일본에서는 특정 일부지역을 제외하고 부동산이 대세 하락기에 접어들어 부동산 불패신화가 깨진지 꽤 되었다. 엔화가 급격히 절상되던 시기에는 해외투자도 대안이 되지못했다. 애써 쌓은 해외자산의 자본차익이나 이자수취 등이 엔화절상으로 상쇄되어 버렸기 때문이다. 하지만 엔화가 추세적 절상을 멈추고 박스권에서 움직였을 때, 글로벌채권은 일본 투자자들의 훌륭한 투자처로 자리잡았다. 환율이 안정적이라면 제로금리의 일본 금융기관보다 연수익 5%이상의 글로벌채권이야말로 신세계인 것이다.

기관투자자의 입장에서도 글로벌채권은 전체 자산의 투자성과에 수익성 및 안정성을 가져다주는, 없어서는 안 될 자산으로 자리 잡은 지 오래다. 국내보다 더 많은 투자대안이 있으며, 이자율 또한 높은 해외채권은 위험 대비 장기수익률을 끌어올리는 역할을 하기 때문이다.

일반적으로 포트폴리오에서 주식비중이 높을수록 장기적으로 위험프리미엄에서 나오는 주식수익률이 상대적으로 안전한 채권수익률보다 높다는 믿음이 투자자들에게 있다. 이는 길고 효율적인 자본시장 역사가 있는 미국시장에서 검증된 결과이다. 그러나 앞의 명제가 모든 나라에 적용되지는 않는다. 가까운 일본만 하더라도 니케이 지수가 1989년 38,000포인트를 고점으로 28년이 지나도록 23,000포인트 수준에 머물고 있다. 하물며 일본과 유사한 경제 및 인구구조로 수렴하고 있는 한국은 어떠할 것인가? 이러한 점을 고려해 장기자산을 운용해야 한다.

채권을 학문적인 시각에서 다룬 책들은 많다. 하지만 국내채권을 넘어 다양한 글로벌채권을 어떤 관점에서 투자하고 활용하는 것이 좋은지에 대한 마스터 가이드 역할을 해줄 수 있는 책은 찾기 어렵다. 이 책은 글로벌채권에 대한 저자의 오랜 실무경험과 고민이 파노라마처럼 펼쳐진다. 글로벌 자산관리를 지향하는 프라이빗뱅커Private Banker는 물론 이미 글로벌채권에 투자하고 있는 투자자에게까지 훌륭한 글로벌채권 사용설명서가 되어줄 것이다. 필드에서 쌓은 귀중한 경험과 지식을 세심하게 담아낸 저자의 정성에 경의를 표한다.

조성식, 미래에셋생명 변액자산운용본부 본부장

단기보유 현금도 안정적인 채권에 투자하는 시대가 열렸다

화성상공회의소에 30여 년간 근무하면서 살펴본 바로는 중소기업들은 현금 보유액이 높아도 마땅한 투자처를 찾기가 어렵다. 투자금액이 장기간 묶이지 않으면서 고수익을 내고, 필요한 때 즉시 현금화할 수 있는 투자상품이 마땅하지 않기 때문이다. 그러나 바야흐로 고금리 시대가 찾아오면서 확정금리의 안전성과 채권 가격 상승이라는 고수익을 한 번에 취할 수 있는 채권투자의 시기가 열렸다.

서자와는 개인적으로 40여 년간 교류하면서 대한민국 최고의 채권투자 전문가로 성장하는 것을 보아왔다. 본인이 몸담고 있는 화성상공회의소와 같은 공적인 조직에서도 적립된 현금자산을 운영하는 데 있어 안전성과 고수익을 동시에 잡을 수 있는 채권투자의 포트폴리오를 자문받고 있다.

안정적인 (국채)채권 이자를 확보하면서 주식투자의 경우처럼 채권가격 상승의 효과를 보는 채권 포트폴리오(듀레이션)를 구성할 수 있는 전문가를 만나기만 한다면 위험 회피와 수익률 극대화라는 두 마리의 토끼를 잡을 수 있다. 그런 점에서 마경환 GB투자자문 대표의 저서 《채권투자 핵심 노하우》는 금융업에 종사하는 관계자들뿐만 아니라, 기업의 단기자금 및 장기보유 현금의 마땅한 투자처를 찾지 못하는 기업인들에게도 자금 운영의 새로운 지평을 열어줄 것이다.

구대완, 화성상공회의소 회원사업본부장(국제사이버대학교 특임교수)

채권은 더 이상 선택사항이 아니다!

필자는 1995년에 최고의 펀드매니저를 꿈꾸며 대한투자신탁(현재 하나금융투자)에서 직장생활을 시작했다. 당시 펀드를 운용하고 판매하는 유일한 회사는 투자신탁 회사였으며, 일반 증권사와 은행은 펀드를 취급하지 않았다. 펀드를 가입하고 싶은 고객들은 모두 투자신탁 회사와 거래해야 했다. 당시 모든 신입사원은 지점근무를 일정 기간 해야 했는데, 입사하자마자 지점에 배치되어 고객상담 업무를 시작했다.

그러나 원본손실 가능성이 있는 주식, 채권 상품을 지점에서 고객에게 상담하는 일은 대학을 갓 졸업한 새내기에게 몹시 어렵고 두려운 일이었다. 대학에서 경영학을 전공했어도 이론적으로 배운 내용을 바탕으로 고객들에게 투자상담을 해주기에는 역부족이었다. 돌이켜보면 당시에는 장님이 장님을 인도하는 격이었다. 고객들의 소중한 자금을 상담해주는 중요한 자리에 있으면서 너무 경험이 없었고 많이 부족했었다.

이후에 본사 상품팀으로 옮겨 해외상품 담당자로서 다양한 상품을 볼 수 있었다. 지점에서 겪어보지 못한 투자에 대한 새로운 눈을 뜨게 되었다. 특히 2000년 초반부터 해외 뮤추얼펀드 출시검토 및 마케팅을 하면서 상품선택, 환율, 해외시장 동향, 그리고 판매한 상품 사후서비스 등 다양한 경험을 했다. 판매사 상품담당자로 슈로더, AB, 메릴린치, 피델리티 등 다양한 글로벌운용사를 방문하면서 국내에서 익숙하지 않았던 다양한 해외 상품에 대한 경험과 노하우를 축적했다.

2006년부터는 미국계 글로벌자산운용사인 프랭클린템플턴 운용에 근무하면서 글로벌 시각으로 다양한 상품을 국내에 도입하고, 마케팅 활동을 통해 상품공급자(운용사) 측면에서 투자상품 이해에 깊이를 더할 수 있었다. 특히 프랭클린운용은 2017년 기준으로 우리나라 국채를 가장 많이 가지고 있는 글로벌 채권펀드를 운용하고 있다. 이 펀드는 필자가 2006년에 국내 주요 은행과 증권사를 통해 판매를 시작했다. 참고로 글로벌 채권펀드는 전 세계에서 가장 많은 이머징국채를 투자하고 있는 펀드이며, 보유통화는 100조 원 이상으로 전 세계에서 가장 큰 통화펀드이기도 하다. 지난 10여 년간 글로벌 채권펀드 마케팅을 하면서 글로벌 통화시장과 국채시장에 대한 이해도를 높일 수 있었다.

이 책의 목적은 간단하다. 20년 동안 몸담은 업계에서의 경험을 많은 분들과 공유하고자 하는 것이다. 다양한 관점의 투자경험(지점상담, 판매본사 상품담당자, 외국계 운용사 등)이 이 책에 녹아있다고 자신할 수 있다.

외국계 운용사로 온 이후 수많은 세미나에서 만난 일반투자자들이 채권 책을 추천해달라고 필자에게 부탁하고는 했다. 하지만 그럴 때마다 고객 눈높이에 맞는 마땅한 책을 추천할 수가 없었다. 주식 관련 책은 시중에

흘러넘치는 반면, 채권 책은 거의 전무한 상황이었다. 그나마 현재까지 출판된 채권 서적들도 주로 국내시장의 개별채권 위주로 설명된 것들이 대다수였다. 왜 이렇게 채권서적이 없는 것일까? 주식보다 채권이 좀 어려운 측면이 있기 때문일 것이다. 또 다른 중요한 원인은 실질적인 예금대안 역할을 할 수 있는 채권이 주로 해외채권이어서, 해외채권을 다양하게 경험해본 사람이 많지 않기 때문일 것이다.

전 세계 채권시장 규모는 전 세계 주식시장보다 2배 이상 크다. 국내에서도 고액자산가 위주로 브라질국채를 필두로 다양한 개별 이머징국채에 투자해 그 규모가 10조 원을 초과하고 있다. 전체 해외채권펀드 투자 규모도 50조 원이 넘는 규모로 시장이 성장했다. 예금금리가 낮아지면서 연 5~10% 내외 투자수익이 가능한 해외채권이 투자자들의 대안으로 등장한 것이다. 그렇다면 해외채권을 아우르는 종합적인 채권투자 가이드 책이 필요할 수밖에 없다.

지난 20여 년간 해외펀드 관리 및 마케팅 업무에 종사하여 쌓아온 경험과 노하우를 정리하여 해외채권을 중심으로 한 채권투자 지침서를 집필했다. 이 책이 예금의 대안을 찾으려는 일반인과 고객에게 채권 투자의 길로 올바르게 안내하길 바란다. 또한 금융기관의 수많은 직원에게도 도움이 되기를 희망한다. 되도록 어려운 채권이론은 배제하고 투자자들이 알아야 할 직관적인 내용 위주로 서술했다. 필자가 채권 가이드북을 저술할 필요성을 느끼게 된 요인들을 자세히 설명하면 다음과 같다.

첫째, 환경변화가 채권투자를 요구한다.

한국경제는 더 이상 과거와 같은 고속성장을 하지 못한다. 이제는 연 3% 성장도 쉽지 않은 게 현실이다. 이런 경제상황은 일반투자자들의 재테크 방법에 변화를 촉구한다. 그러나 아직까지 우리나라 국민들은 이런 변화에 거의 준비되어 있지 않다.

우리나라의 재테크 방법은 크게 예금, 부동산, 금융투자 상품으로 나눌 수 있다. 대부분은 예금과 부동산 위주의 재테크를 하고 있으며, 심지어는 무조건 안 쓰는 것이 최고의 재테크 방법으로 알려져 있다. 하지만 우리나라는 세계적으로 유례없이 빠른 속도로 노령화가 진행되고 있다. 시간이 지날수록 많은 사람이 근로소득보다 금융소득에 의존해야 하는 상황이 될 것이다. 문제는 한국경제가 더 이상 고성장을 하지 못한다는 것이다. 경제 성장률이 낮아지면서 물가상승률과 예금이자율도 차례로 낮아질 것이다.

2018년 기준으로 예금이자율이 2% 전후이다. 이는 10억 원을 예금해도 월 200만 원 이자 받기도 어려워진다는 뜻이다. 부동산도 인플레이션 자산, 즉 물가상승으로 인한 수혜자산으로 볼 수 있는데 결국 한국경제가 추세적으로 성장률이 낮아지게 되면 부동산 가격도 전반적으로 큰 폭의 상승은 어려워질 것이다. 대다수 일반인은 예금과 부동산 투자밖에 모르는 상황에서 더 이상 이런 투자로는 적절한 수익을 기대하기가 어렵다. 따라서 은퇴 후 생활도 힘들 것이다. 지금도 많은 은퇴자가 다시 근로시장에 나와서 노동을 하고 있다. 은퇴자 대상 노동시장도 단순한 반복업무 위주로 구성되어 있기 때문에 나중에는 4차 산업혁명에 의해 빠르게 대체될 것이다. 한마디로 AI가 인간의 업무를 대체하는 시장이다. 그럼에도 우리나라 국민들은 어떻게 해야 금융소득을 효과적으로 창출하는지 잘 모르고 있다. 이것이 우리 사회가 봉착하고 있는 문제다.

이러한 상황을 다음과 같이 비유할 수 있다. 지금까지는 안전한 육지에서 먹을 과실이 많기 때문에 굳이 파도가 일렁이는 바다로 나갈 필요가 없었다. 하지만 이제부터는 육지에 과실이 점점 줄어들 것이다. 미래에는 어쩔 수 없이 파도가 몰아치는 바다로 나아가 양식을 구해야 한다. 이렇게 변화하는 환경에서 불행히도 대다수 일반인은 바다에서 어떻게 배를 운항해야 안전하게 목적지로 갈 수 있는지 모른다. 이것이 우리나라 대다수 국민이 처한 현재의 금융환경이다.

또 하나의 문제는 과거에 항해를 나갔다가 배가 전복된 경험이 많다는 것이다. 즉 목표수익을 연 20~30%로 놓고, 공격적인 개별주식 내지 주식펀드 투자로 원금손실을 크게 본 경험이 대다수이다. 그래서 투자상품 투자에 더 주저하게 된다. 고수익만 생각하지, 고수익에 수반되는 위험에 대해서는 전혀 준비가 되어 있지 않다.

바다를 항해하다 보면 예상치 못한 방향에서 오는 큰 파도에 배가 전복될 수 있다. 너무 무리해서 높은 수익을 달성하려고 공격적인 개별주식이나 주식펀드에 투자하다가 치유 불가능한 손실을 입을 수 있다. 바다를 항해할 때 파도에 배가 흔들리는 것은 당연하다. 파도를 극복하기 위해서는 배를 크고 안전하게 만들고, 속도가 느리더라도 무사히 목적지에 도달할 수 있게 해야 한다. 채권(펀드)투자도 마찬가지다. 목표수익을 높게 잡기보다 적절한 목표수익을 잡아 분산투자를 잘하면 일시적으로 원금손실이 있을 수 있으나, 시간이 지나면 이러한 문제가 해결되어 치유 불능의 손실은

입지 않게 된다. 속도는 느리지만 안전한 배를 만들기 위해서는 공격적인 개별주식이나 주식펀드 위주의 투자는 지양해야 하며, 투자에서 상대적으로 안전한 채권투자를 병행해야 한다.

둘째, 일반투자자와 금융기관 직원들의 채권투자 지침이 되기를 바란다.

2010년 이후 비과세와 높은 이자수익 때문에 브라질국채를 중심으로 10조 이상의 개별국가 채권들이 일반투자자에게 판매되었다. 2017년에만 해도 글로벌경제 회복에 힘입어 3조 원 이상 이머징국가들(브라질, 멕시코, 터키 등) 국채가 판매되었다고 한다. 그러나 아직까지 많은 투자자들과 금융기관 직원들이 개별 이머징국가 국채를 정확히 알지 못하면서 투자하고 있다.

이머징국가 국채는 투자국의 거시경제 환경과 통화전망을 정확하게 이해하고 투자해야 한다. 하지만 이에 대한 정보가 충분하지 않은 것이 현실이다. 실제로 2010년 이후 브라질국채에 투자한 대다수는 비과세와 높은 쿠폰수익에만 주목하고 환율변동위험은 크게 고려하지 않았다. 그러다가 브라질 거시경제가 악화되면서 상당한 환차손을 겪었다. 해외채권에 투자할 때 단순히 높은 쿠폰수익만 보고 투자하면 큰 낭패를 볼 수 있다. 해외채권은 글로벌 거시경제에 대한 지식과 이해를 바탕으로 접근해야 한다. 하지만 여전히 대다수 금융기관 직원들은 해외채권에 대한 정확한 이해가 부족하다. 이는 국내 대다수 금융기관 직원들이 2005년 이후부터 본격적으로 판매를 시작하여 투자경험이 짧을 뿐만 아니라, 상당수가 경기상승기에만 주식 위주의 투자상품을 다뤄서 채권상품에 대한 투자경험과 교육이 부족하기 때문이다. 이러한 이유로 금융기관 직원들을 위해 객관적이고 체계적인 채권투자 지침서가 필요하다.

셋째, 지난 20년간 투자경험을 독자와 공유해 우리나라 투자산업 발전에 밑거름이 되기를 소망한다.

펀드 관련된 일을 한 지 20년이 넘었다. 다양한 주식과 채권펀드를 다루었다. 특히 채권분야에서는 국내 국공채펀드, 국내 회사채펀드, 미국 국채, 미국 하이일드채권, 이머징채권펀드, 그리고 글로벌채권 등 다양한 해외채권펀드를 경험했다. 이 과정에서 여러 가지 시행착오를 겪으면서 해외채권시장에 대한 많은 통찰력을 가질 수 있게 되었다.

2004년 4월에 피델리티 미국 하이일드채권을 지점을 통해 4천억 원 이상 매각한 상태에서 한 달간 펀드수익이 4% 이상 급락했다. 당시 주식펀드도 아닌 채권펀드가 한 달 만에 4% 급락하는 것은 처음 경험했다. 지점 직원과 가입고객으로부터 많은 불평과 질문들을 받았다. 그러나 당시 미국 하이일드채권에 대한 투자경험이 축적되지 않았을 뿐만 아니라, 운용사인 피델리티는 국내에 운용사가 설립되기 전이라 운용현황에 대한 정확한 브리핑을 얻기가 어려웠다.

이에 피델리티 측과 협의해 미국 보스턴에 있는 피델리티 본사를 방문했다. 그곳에서 미국 하이일드 운용팀을 만나 자세한 시장상황 브리핑과 시장전망을 얻을 수 있다. 돌아와서 지점 영업직원과 가입고객에게 미국 하이일드채권에 대한 올바른 가이드를 해주었다. 이때의 경험으로 투자시장은 아는 것만큼 두렵지 않다는 것을 느꼈다. 시장을 정확하게 이해하면 수익률이 하락하더라도 좀 더 현명하게 대처할 수 있다.

또한 두 번의 큰 경기침체(2002년, 2008년)와 경기상승 국면을 경험하면서 실제 채권자산들이 어떻게 작동하는지 치열하게 경험할 수 있었다. 해외 상품 담당자로서 다양한 통화변동에 직면하며 어떻게 통화를 다뤄야 할지도 시행착오를 통해 익힐 수 있었다. 이러한 다양한 채권투자 경험을 금융기관 직원 후배들 및 일반투자자들과 공유해, 채권투자에 대한 시행착오를 최소화하고 올바른 자산관리에 도움을 주고자 한다.

마지막으로 이 책은 많은 분의 격려와 도움으로 만들어진 결과물이다. 도움을 주신 모든 분에게 감사드린다.

- 데이터 편집 : GB투자 오수진 대리, 노인호
- 내용 감수 : GB투자 오수진 대리
- 구성 조언 : 이주호 한국투자증권 국제영업부 부장, 이권순 미래에셋 상품솔루션팀 이사

마경환

《채권투자 핵심 노하우》 수준별 목차 로드맵

- 예금만 하고 있는 분이 읽어야 할 내용 → Ch. 1
- 박리칩, 엑시코 투자를 고민하는 분이 읽어야 할 내용 → Ch. 5, 9
- 경제에 대한 이해도가 높은 투자자가 읽어야 할 내용 → Ch. 8, 9, 10
- 글로벌 시장에 대한 통찰력을 얻고자 하는 분이 읽어야 할 내용 → Ch 11, 12, 13

올바른 채권투자의 기초

Part 2 채권을 어떻게 투자할까?

Part
3

나만의 채권투자 노하우

Chapter 10 매력적인 한국 국채

예금보다 높은 수익을 원한다면 채권에 투자하라.

올바른
채권투자의 기초

Chapter 1

●●●

예금보다 높은 수익을 원한다면
채권에 투자하라

●●●

투자와 관련하여 필자가 지난 20년 동안 만났던 대다수 투자자는 예금보다 높은 수익을 원하면서도, 주식과 같은 변동성은 싫어했다. 하지만 세상에 공짜는 없다. 예금보다 높은 수익을 얻기 위해서는 일정한 투자위험을 감수하면서 변동성이 있는 상품에 투자해야 한다. 그러나 불행히도 대다수 투자자는 주식투자만 투자상품이라 알고 있고, 투자상품은 항상 위험한 투자라고 생각한다.

많은 사람들이 금리가 낮음에도 주식변동성을 싫어하기 때문에 예금과 부동산투자에 집착한다. 과거에는 예금금리가 높아서 굳이 위험한 투자를 하지 않아도 충분히 생활이 가능했다. 하지만 예금금리가 2% 전후로 낮아지면서 물가상승률도 따라가지 못하는 상황이 되었다. 따라서 반드시 투자를 해야만 한다. 그렇다면 답은 예금보다 높은 수익을 얻을 수 있고 주식변동성을 피할 수 있는 채권투자다!

····

1. 왜 채권에 투자해야 하나?

채권, 큰 위험 없이 안정적 수익을 얻을 수 있는 자산

채권 투자의 수익은 얼마나 될까? 〈도표 1-1〉의 글로벌 투자적격채권의 과거 31년간 연도별 투자수익 Calendar Year Return을 보면 채권은 주식처럼 높은 수익은 아니지만 장기적으로 연평균 5% 수익을 세공하고 있다. 과거에는 수익변동성이 있는 상품에 투자하는 경우 10% 이상의 기대수익을 가졌으나, 이제 대다수 투자자의 기대수익은 5~6% 수준으로 낮아졌다. 따라서 이 정도의 눈높이를 가진 투자자들에게 채권투자는 매우 타당한 투자수단이다.

〈도표 1-1〉을 다시 보자. 31년 중 25년간 연간 투자수익이 플러스 성과를 기록했다. 이를 통해 채권은 투자기간을 길게 가져갈수록 원금손실의 가능성은 최소화하면서, 예금이자 이상의 수익을 얻을 수 있는 투자자산임을 확인할 수 있다.

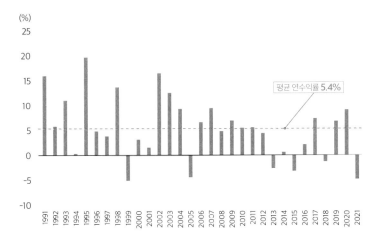

도표 1-1 1년간 투자 연수익률

평균 연수익률 5.4%

• 자료 : Bloomberg

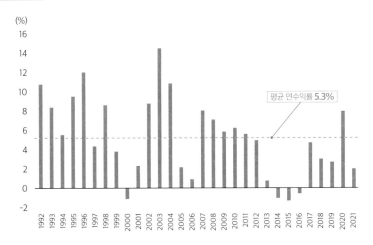

도표 1-2 2년간 투자 연수익률

평균 연수익률 5.3%

• 자료 : Bloomberg

채권, 경기하락 시 매우 훌륭한 투자자산이다

〈도표 1-3〉은 지난 20년간 한국 주식이 하락한 연도의 글로벌 투자적격채권의 투자수익을 보여주는 자료이다. 국내주식이 하락한 연도에 글로벌 투자적격채권은 단 한 번 원금손실을 봤으며, 채권투자수익과 비교했을 때 더 높은 수익을 제공했다. 채권은 주식이 하락하는 경기하락기에 투자대안의 역할을 훌륭히 하고 있는 것이다. 국내주식 투자자 입장에서 보면 글로벌채권을 보유하는 것은 예상치 못한 경기상황에 안전한 방어자산을 보유하고 있다는 의미뿐만 아니라, 경기하락기에 훌륭한 투자자산 역할을 한다.

〈도표 1-4〉는 과거 10년간 대상자산의 변동성을 계산한 것이다. 국내

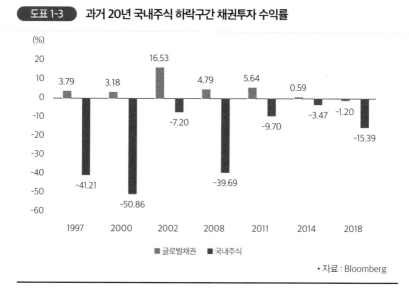

도표 1-3   과거 20년 국내주식 하락구간 채권투자 수익률

■ 글로벌채권   ■ 국내주식

• 자료 : Bloomberg

주식과 글로벌주식이 채권자산 대비 4배 이상의 변동성을 보여 주고 있다. 변동성은 투자자 입장에서는 위험으로 해석되기 때문에, 주식자산은 채권자산에 비교하면 4배가량 더 위험한 자산이라고 볼 수 있다. 국내 대다수의 투자자는 예금만 주로 하거나, 예금에 만족하지 못해 국내주식에만 주로 투자한다. 변동성 기준으로 보면 양극단에 위치한 자산에만 투자하는 것이나 다름없다.

〈도표 1-5〉는 주요 자산 변동성을 단순화하여 도식화한 자료이다. 가장 안전한 예금만 하는 투자자는 물가상승에 따른 화폐의 실질가치 하락 위기에 놓여 있다. 반면 국내주식에만 투자하는 것은 주요 자산(국내채권, 국내주식, 글로벌채권, 글로벌주식) 중 변동성 기준으로 가장 위험한 자산에만 투자하고 있는 것이다. 안정적인 예금대안을 찾는다면 주식보다 먼저 채권투자가 선행되어야 합리적인 투자라고 볼 수 있다. 이런 양극단의 투자자들에게 필요한 것은 채권투자이다. 즉 물가상승률 이상의 수익제고와

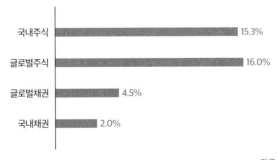

도표 1-4 지난 10년간 주요 자산 변동성

국내주식	15.3%
글로벌주식	16.0%
글로벌채권	4.5%
국내채권	2.0%

• 자료 : Bloomberg
• 2022년 12월 말 기준

도표 1-5 주요 자산 변동성

주식보다 현저히 적은 변동성으로 안정적인 투자를 할 수 있다.

채권, 경기상승에 따른 수혜를 보는 종류도 있다

일반적으로 채권은 경기하락기, 주식은 경기상승기에 적합한 투자로 알려져 있다. 하지만 글로벌시장으로 투자영역을 확대하면 주식과 같이 경기상승에 따른 수혜를 보는 채권자산들도 있다.

경기상승기에 적합한 채권자산으로 가장 대표적인 게 하이일드채권(고수익 채권)이다. 〈도표 1-6〉을 보면 경기하락기인 2008년의 수익률은 저조했으나, 경기가 상승으로 전환된 시점(2009~2010년)을 보면 주식 못지않은 우수한 성과를 보여주었다. 하이일드는 주식과 비슷한 속성을 보이지만 변동성은 주식에 비하면 상대적으로 낮다.

〈도표 1-7〉은 지난 10년간(2012~2021년) 국내주식과 하이일드채권의 수익과 변동성을 비교한 도표이다. 하이일드채권의 변동성이 국내주식 대비

도표 1-6   주식과 미국 하이일드채권의 수익률

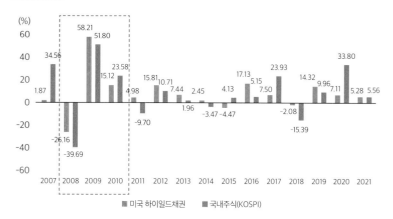

• 자료 : Bloomberg

도표 1-7   주식 및 채권의 수익률과 변동성

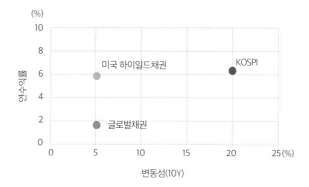

• 자료 : Bloomberg

1/4 수준인 반면, 장기수익률은 거의 비슷해 양호한 수익을 제공했다. 즉 위험과 수익을 동시에 고려하면, 하이일드채권은 주식보다 우수한 투자자산이다. 참고로 경기상승기에 수혜를 보는 채권으로 하이일드채권, 이머징채권, 금리연동채권 등이 있다.

••••

2. 채권펀드가 예금보다 좋은 이유

채권이자, 예금이자보다 높다

일반적으로 채권이자보다 예금이자가 낮다. 왜 그럴까? 간단하다. 직접 채권에 투자할 때는 최소한의 거래수수료 내지 운용수익을 차감하는 반면, 예금이자는 은행이 예금을 대출이나 채권투자를 통해 운용해 적정 은행수익을 차감하고 고객에게 예금이자로 제공하는 구조이기 때문이다. 다음에 나오는 〈도표 1-8〉은 일반적인 은행의 비즈니스 구조와 채권투자를 비교한 것이다.

고객이 은행에 예금을 맡기면, 은행은 이를 재원으로 대출이나 채권 등에 다양하게 투자하여 은행마진(수익)을 차감한 후 고객에게 예금이자 형태로 제공한다. 은행에서는 이런 종합적인 상황을 판단하여 예금이자를 책정하기 때문에 투자자가 채권에 직접 투자하는 수익보다 예금이자가 낮을 수밖에 없다. 그러나 실제 1년 투자수익 기준으로 예금이자와 채권수익

예금이자와 채권이자의 구조

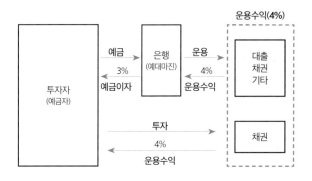

1억 원 투자 시 예금과 채권의 투자수익률 비교

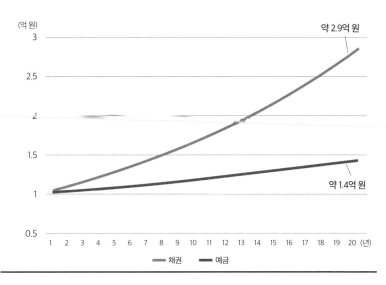

투자기간	1년	3년	5년	10년	20년
예금	1.8%	5.5%	9.3%	19.5%	42.9%
채권	5.4%	17.1%	30.1%	69.2%	186.3%

의 차이는 크지는 않다. 하지만 이러한 작은 차이로 인해 투자기간이 길어
질수록 투자수익은 상당히 큰 차이가 난다.

　〈도표 1-9〉는 현재 예금금리(1.8%)와 글로벌채권 장기평균수익률
(5.4%)을 비교한 자료이다. 향후에도 이 정도의 수익률 차이가 지속된다는
가정으로 장기복리수익률을 계산한 도표이다. 1년간 채권과 예금의 수익
은 3%밖에 차이가 나지 않지만, 10년 투자 시에는 채권수익률이 예금수익
률 대비 3.6배 차이로 확대된다. 만약 20년을 투자하게 되면, 투자수익이
무려 4.7배 차이가 나게 된다. 지금과 같은 저금리 상황에서는 장기적 관
점에서 연수익 2~3% 높이는 것이 매우 중요하다.

예금은 일부, 채권은 전액 보장된다

　예금은 은행파산 시 예금자보호법에 의해 보호가 된다. 그렇다고 예치
된 전액에 대해 보장받는 것이 아니라 은행별로 1인당 5천만 원까지만 보
호를 받는다.

　반면 채권펀드는 가입한 은행이나 증권사가 파산하더라도 금액규모와
관계없이 투자금액 전체를 보호받는다. 고객의 채권 투자금액은 오로지
시장상황에 따른 채권 평가금액에만 영향을 받는다. 특히 국가에서 발행
하는 국채에 투자하는 경우, 금액에 제한 없이 국가가 상환을 보증하기 때
문에 파산 가능성은 이론적으로 전무하다. 또한 은행이 파산하는 상황에
서는 경제 우려감이 크기 때문에 오히려 채권가격이 상승해 투자수익이

커지게 된다.

즉 경제가 악화되면 안전자산 선호현상^{Flight-to-quality} 이 발생하여 정부가 보증한 국채에 대한 투자수요가 증가하여 국채가격이 상승하게 된다. 따라서 경제와 우량채권과의 관계는 반비례 관계이다. 〈도표 1-11〉을 보면 고객의 투자금은 수탁회사에 보관되어 있기 때문에 판매사인 은행이나 증

도표 1-10 **예금자보호법 구조**

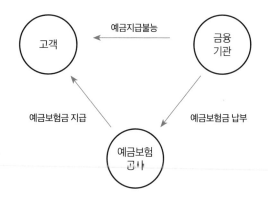

도표 1-11 **채권펀드_증권투자신탁업법 구조**

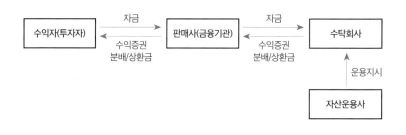

권사의 파산과는 관계없이 보관된다. 그러므로 투자자는 판매사의 안전성으로부터 자유롭다.

채권펀드, 투자기간이 자유롭다

예금은 3개월, 6개월, 1년 등 기간을 정하여 만기 시에 예정금리를 받는 구조이다. 그런데 만기 전에 예금을 해지하게 되면 매우 낮은 금리가 적용된다. 〈도표 1-12〉는 은행에 거치식 예금을 했을 경우 일반적으로 적용되는 이율을 도식화하여 정리한 것이다.

1년 예금을 하였을 경우, 1년 만기까지 예치해야 예정금리를 받을 수 있다. 만기 전에 인출했을 경우, 고객은 상당 부분의 중도해지 비용을 부담해야 하므로 매우 낮은 예금이율을 적용받게 된다. 또한 만기 이후 찾지

도표 1-12   **거치식예금 적용이율 구조**

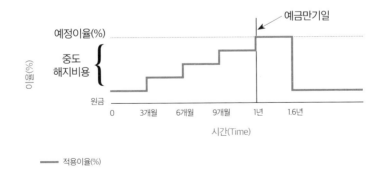

않으면 일정 기간(3~6개월가량)이 지난 후에는 매우 낮은 보통예금 이자가 적용된다.

반면에 대다수 국내채권펀드의 경우 중도 환매수수료가 별도로 없으며, 별도의 만기도 존재하지 않는다. 따라서 갑자기 예정보다 일찍 투자금액을 찾더라도 중도해지 수수료는 적용받지 않는다. 또한 특정한 만기가 없으므로 예정한 투자 기간을 경과하더라도 지속적으로 운용된다.

· · · ·

3. 채권펀드가 주식보다 좋은 이유

첫째, 주식보다 변동성이 낮다

주식은 기대수익이 큰 만큼 변동성도 매우 높다. 반면에 채권은 주식 대비 기대수익은 낮지만 변동성으로 측정되는 위험도 상대적으로 낮다. 〈도표 1-13〉은 영국 투자은행 RBS^{Royal Bank of Scotland}가 작성한 주요 자산별 수익과 위험을 작성한 자료이다. 도표를 보면 주요 자산 중 주식은 수익과 위험이 가장 높은 자산인 반면, 채권은 주식보다 수익과 변동성이 상대적으로 낮게 나온다. 따라서 젊고 공격적인 투자자들은 주식형 펀드가 적합하다. 하지만 대다수의 예금투자자는 매우 보수적이므로, 기대수익은 다소 낮더라도 위험이 적은 채권투자가 주식투자보다 더 적합한 투자가 된다.

〈도표 1-14〉는 1990년 이후 글로벌주식과 글로벌채권의 최대하락폭 Max Drawdown을 보여주는 그래프이다. 최대하락폭은 고점 대비 하락폭을

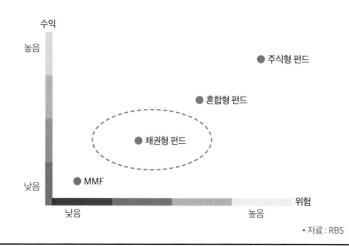

도표 1-13 수익 vs 위험

• 자료 : RBS

도표 1-14 주식 및 채권의 최대하락폭

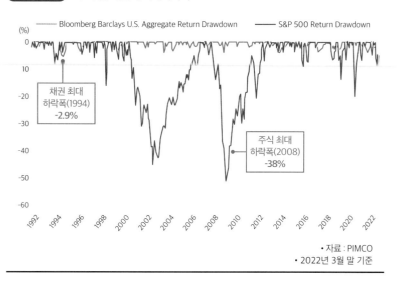

• 자료 : PIMCO
• 2022년 3월 말 기준

계산한 것이다. 미국주식^{S&P 500}의 최대하락폭은 2008년 -38%인 반면, 미국 투자적격채권지수^{Barclays US Agg Index}는 고점 대비 최대하락폭이 1994년 -2.9%밖에 되지 않는다. 따라서 채권은 주식 대비 하방경직성, 즉 잘 하락하지 않는 안정성이 매우 높은 자산임을 알 수 있다.

둘째, 미래 재무계획에 유리하다

일반적으로 주식은 투자손익변동이 크기 때문에 재무계획을 수립하기에 매우 어렵다. 반면에 채권은 투자수익이 상대적으로 안정적이기 때문에 저축목표나 투자수익률^{ROE} 목표를 수립하기에 유리하다. 이런 특징 때문에 연령별로 투자자산 자산배분 원칙이 달라진다. 나이가 젊을수록 주

도표 1-15 **연령별 자산배분 원칙**

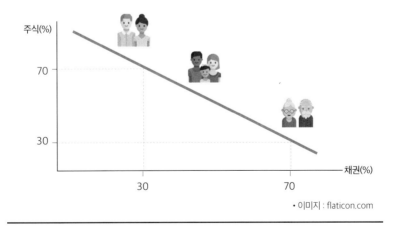

• 이미지 : flaticon.com

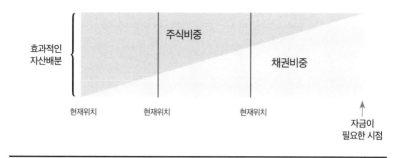

도표 1-16 　자금소요시점 대비 자산배분의 원칙

효과적인
자산배분

주식비중

채권비중

현재위치　　　현재위치　　　현재위치

자금이
필요한 시점

식비중을 크게 하고, 은퇴가 가까울수록 채권의 비중을 확대하는 것이 바람직하다.

　은퇴가 얼마 남지 않은 경우나 은퇴자가 주식으로 인한 손실이 발생하는 경우, 본인의 재무상태에 치명타를 줄 가능성이 매우 높다. 그렇기 때문에 투자 기간이 짧거나 일정한 소득이 필요하다면 주식보다는 채권자산의 비중을 높여주는 것이 바람직하다.

　〈도표 1-16〉은 자금소요시점에 따른 주식과 채권의 투자배분에 대한 일반적인 가이드라인이다. 자금 필요시점까지 충분한 기간이 있을수록 주식비중이 높아야 하며, 자금소요시점이 얼마 남지 않을수록 자산보존에 중점을 두고 운용해야 한다. 그러므로 채권비중을 높이는 것이 바람직하다. 왜냐하면 자금소요시점이 얼마 남지 않은 상태에서 주식투자로 인한 손실이 발생할 경우, 투자자산을 회복할 충분한 시간이 없기 때문이다.

셋째, 시장이 위험할 때 주식과 반대로 움직인다

일반적으로 주식은 위험자산으로, 채권은 안전자산으로 구분된다. 만약 일반투자자들이 주식만 투자하고 있는 포트폴리오를 가지고 있다면 여러 가지 잠재적 위험을 가지고 있는 것이다. 왜냐하면 경제상황과 주식은 상관관계가 높기 때문이다. 경제가 악화되면 주식 성과도 마이너스를 기록할 뿐만 아니라, 우리가 영위하고 있는 직장과 사업이 모두 어려워진다. 그렇기 때문에 개인 입장에서는 매우 위험한 포트폴리오를 가지고 있는 것이다.

반면에 채권은 경제가 악화될수록 가격이 상승하는 반비례관계를 가지고 있다. 따라서 일반투자자 입장에서는 경기침체에 대비해 투자포트폴리

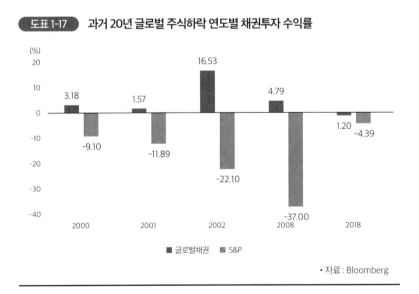

도표 1-17 과거 20년 글로벌 주식하락 연도별 채권투자 수익률

• 자료 : Bloomberg

오 일정 부분에 채권을 편입해야 투자의 바다에서 침몰하지 않고 안전한 항해를 할 수 있게 된다.

넷째, 채권가격이 상승하지 않아도 수익이 발생한다

〈도표 1-18〉은 채권과 주식의 투자수익 구조를 보여주는 자료이다. 채권투자수익을 세부적으로 보면 채권가격 움직임과는 관계없이 일정한 기간이 경과하면 발생하는 이자수익, 일정 기간 동안 가격상승이 반영된 자본이익으로 구분할 수 있다. 채권가격은 주식 대비 변동성이 낮고, 상대적으로 전체 수익에서 시간가치인 이자수익이 중요한 투자수익원이 된다.

반면에 주식은 가격이 상승해야만 투자수익이 발생한다. 물론 주식도 이자수익에 해당하는 배당수익이 있다. 하지만 채권 대비 상대적으로 낮

도표 1-18 **투자자산별 수익구조**

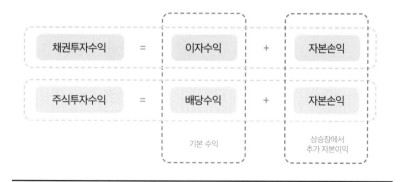

은 수준(1~2%)의 배당률과 높은 주식 변동성으로 총투자수익은 배당수익보다 가격상승으로 인한 자본이익에 압도적으로 의존하게 된다.

즉 주식 대비 채권은 수익원이 다양하여 가격이 상승하지 않더라도 일정한 이자수익이 발생하는 점이 가장 큰 특징이자 장점이다.

● ● ● ●

4. 향후 글로벌시장 환경은
채권투자가 정답이다!

글로벌 메가트렌드와 채권투자 필요성의 증가

글로벌 경제에서 현재 가장 큰 화두는 노령화[Aging]와 저성장[Low Growth]이다. 그 결과 예상할 수 있는 것은 다음과 같다. 노령화가 진행될수록 위험을 회피하는 안정적 투자성향의 투자자가 증가할 것으로 선망된다. 또한 글로벌경제가 저성장을 하게 되면 투자자산으로부터 기대할 수 있는 투자수익은 작아질 것이다. 이렇게 투자자가 보수화되고 투자자산에 대한 기대수익이 낮아지게 되면 채권투자 필요성은 증가할 수밖에 없다.

글로벌 메가트렌드 1. 노령화

글로벌 메가트렌드 중 우리가 당면하고 있는 가장 큰 문제는 노령화^{Aging} 이다. 의료기술과 IT기술의 발전은 급격한 인구 노령화와 장수화를 촉진하고 있는데, 이런 글로벌 노령화는 소비구조 변화와 투자에 영향을 주게 된다. 특히 한국은 전 세계에서 가장 빠르게 고령화가 진행되고 있다.

UN은 전체 인구 중 노인(65세 이상) 비율이 7% 이상인 나라를 고령화 사회, 14% 이상인 나라를 고령 사회, 20% 이상인 나라를 초고령 사회로 분류한다. 〈도표 1-19〉를 보자. 한국은 2000년에 이미 고령화 사회에 진입했고, 2018년이면 고령 사회, 2026년이면 초고령 사회에 들어선다. 더 심각한 문제는 고령화 속도다. UN은 고령화 사회에서 초고령 사회까지 도달하는 데 프랑스는 154년, 독일은 77년이 걸릴 것으로 예상한다. 하지만 한국은 고령화 사회에서 초고령화 사회까지 예상하기로는 고작 26년이다. 급속히 늙어가고 있는 것이다.

도표 1-19 **주요 국가별 인구고령화 속도**

	고령화	고령	초고령	소요연수(고령화 > 고령 > 초고령)
한국	2000	2018	2026	26년
일본	1970	1994	2006	36년
프랑스	1864	1979	2018	154년
독일	1932	1972	2009	77년
이탈리아	1927	1988	2006	79년
미국	1942	2015	2036	94년

노령인구가 많을수록 근로소득보다는 금융소득에 의존할 수밖에 없다. 그래서 기대수익에 대한 변동성이 큰 자산보다는 소득의 예측성이 높은 자산을 선호하게 된다. 이에 변동성이 낮으면서 이자수익이 발생하는 채권자산은 노령인구에게 훌륭한 투자대안이 될 것이다.

글로벌 메가트렌드 2. 저성장

2008년 이전에는 중국을 중심으로 이머징경제가 고속성장을 하며 글로벌경제를 견인했다. 하지만 2008년 리먼브라더스 사태 이후 중국 성장률이 둔화되면서 글로벌경제 성장은 과거보다 상대적으로 저성장 국면으로 접어들었다.

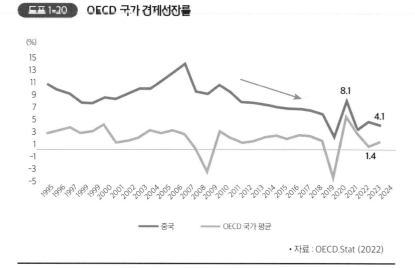

도표 1-20 OECD 국가 경제성장률

• 자료 : OECD.Stat (2022)

중국은 리먼브라더스 사태 이전에는 연 10% 이상 성장을 했였으나 이후에는 6~7% 수준으로 둔화된 성장세를 보여왔다. 코로나 팬데믹에 따른 정부의 정책 지원과 민간 소비 증가로 성장세가 8%까지 재상승하기도 했지만 글로벌 경기가 다시 둔화세로 접어들면서 2024년에는 4%의 낮은 성장률이 예상되는 상황이다.

글로벌 성장률이 둔화될수록 주식에 대한 기대수익률은 낮아지면서 변동성은 커진다. 이러한 이유로 투자자들의 이자수익^{Income} 자산에 대한 수요가 커져 채권투자의 중요성이 증가된다. 이번 장에서는 채권에 투자해야 할 이유를 설명했다. 정리하면 다음과 같다.

• 채권펀드가 예금보다 좋은 이유

1. 채권이자는 예금이자보다 높다.

2. 은행은 파산해도, 나라는 파산하지 않는다.

3. 예금 대비 채권펀드는 투자기간이 자유롭다.

• 채권펀드가 주식보다 좋은 이유

1. 주식보다 변동성이 낮다.

2. 미래 재무계획을 세우기에 유리하다.

3. 시장(경제)이 위험할 때 주식과 반대로 움직인다.

4. 채권은 가격이 상승하지 않더라도 수익이 발생한다.

• 글로벌시장 환경변화가 채권투자 필요성을 증대시킨다

1. 노령화^{Aging}   2. 저성장^{Low growth}

<경제환경과 자산배분의 관계>

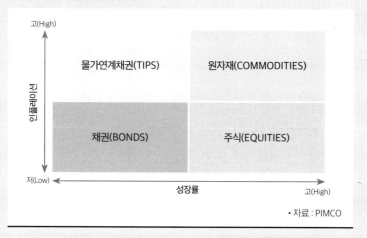

• 자료 : PIMCO

도표는 세계적인 채권운용사인 핌코^{PIMCO}에서 작성한 경제환경, 즉 성장과 인플레이션을 척도로 적합한 자산을 제시한 자료이다. 투자 시 참고자료로 활용하기 좋은 지표이다.

Case 1 성장률이 낮으면서 인플레이션이 높다 : 물가연계채권

1. 성장속도가 낮기 때문에 기대수익이 낮아지면서 변동성이 높게 되므로, 주식보다 채권이 투자에 더 적합하다.

2. 인플레이션이 상대적으로 높기 때문에 채권의 이자율 위험이 발생하므로, 채권 중 금리연동 대출채권^{Bank loan}이나 물가연계국채^{TIPS}에 투자하는 것이 바람직한 자산배분이다. 왜냐하면 금리가 상승하더라도 이자율 위험에 노출되지 않고, 오히려 금리상승으로 인한 혜택을 볼 수 있는 자산이기 때문이다.

Case 2 성장률이 높으면서 인플레이션도 높다 : 원자재

1. 경제가 활성화되면 성장률이 높아지고 원자재 수요가 증가하므로 가격 상승이 된다.
2. 인플레이션이 촉발되는 상황에서는 실물자산 투자가 인플레이션 헤지 Hedge 기능을 가지고 있기 때문에 이러한 경우 원자재 투자가 가장 바람 직한 투자이다.

Case 3 인플레이션은 낮으면서 성장률이 높다 : 주식

1. 인플레이션이 낮아 중앙은행이 양적완화(금리인하, 유동성공급) 정책으로 경기회복세를 도모할 수 있다.
2. 기업 입장에서는 조달금리가 매우 낮고 경제성장 상황이 양호하기 때문 에 기업성장률도 높다. 주식투자에 매우 적합하다.

Case 4 인플레이션이 낮고 성장률도 낮다 : 채권

1. 인플레이션이 낮으므로 중앙은행의 기준금리 인하로 시장금리 하락 가 능성이 높다. 채권투자에 적합한 환경이다.
2. 성장률이 낮기 때문에 기업성장 기회가 적다. 상대적으로 주식은 부적합 한 투자자산이다.

Chapter 2

●●●

채권투자수익,
무엇으로 결정되는가?

●●●

채권에 투자하면 투자수익은 이자수익과 자본손익으로 구성된다. 이자수익은 쿠폰이자로서 가격의 움직임과는 관계없이 시간이 경과하면 발생하는 이자수익이다. 자본손익은 채권가격 움직임에 따른 가격변동을 지칭하는 것으로, 채권가격이 상승하는 경우에는 자본이득이 발생하고 채권가격이 하락하는 경우에는 자본손실이 발생하는 것이다. 채권가격은 시장금리에 영향을 받으며, 채권가격과 시장금리는 반비례 관계이다.

●●●

1. 채권투자수익, 어떻게 구성되는가?

채권펀드 고객을 만나다 보면 주식과 달리 시장 움직임이나 가격변동을 파악하기가 어렵다고 하는 분들이 많다. 주식에 투자하는 경우 코스피 같은 시장지수의 등락으로 가격변동을 쉽게 판단할 수 있지만, 채권펀드는 투자수익이 어떻게 계산되는지 잘 모르는 사람이 대다수이다. 물론 채권가격은 주식가격보다 다소 파악이 어렵다. 하지만 기본적인 채권지식만 이해하면 채권수익 구조도 쉽게 이해할 수 있다.

채권은 기본적으로 2가지 수익원이 있다. 가격변동과 관계없이 일정한 시간이 경과하면 발생하는 이자수익과 채권가격 등락에 따른 자본손익, 2가지로 채권투자수익이 구성된다. 대다수의 채권투자자는 꾸준한 이자수익을 기대하고 투자하기 때문에 채권가격이 변동할 수 있다는 것을 알면 많이 놀란다. 예를 들어 투자자가 채권을 중도에 매각할 경우, 만기금액(또는 액면금액)보다 높은 가격에 팔면 이득을 볼 수 있다. 반면에 채권가격이 하락했을 때 매각하면 손해를 볼 수도 있다.

도표 2-1	채권투자수익의 구조와 가격

채권투자수익	=	이자수익	+	자본손익
		가격변동과 관계없는 이자		가격변동에 따른 자본손익
		쿠폰에 따른 경과이자		금리하락 → 가격상승 → 자본이익 금리상승 → 가격하락 → 자본손실

채권시장의 가격변농은 주식만큼 큰 편은 아니다. 하지만 채권가격 변동에 따른 자본손익이 채권투자 총수익에는 상당한 영향을 미친다고 볼 수 있다. 특히 해외채권은 국내채권보다 평균적으로 듀레이션(채권만기)이 길기 때문에, 가격변동에 따른 자본손익이 총 투자수익에 미치는 영향이 국내채권보다 훨씬 더 크다. 따라서 채권투자를 고려할 때(직접 채권을 매수하거나 펀드를 통한 간접투자를 하는 경우) 채권가격이 어떻게 움직이고 그것이 투자수익에 어떠한 영향을 미치는 파악하는 것은 매우 중요하다.

●●●

2. 금리가 채권가격을 결정한다

일반적으로 채권이자수익은 고정되어 있지만, 채권가격 변동에 따른 자본손익 때문에 채권투자 총수익은 변동하게 된다. 특히 투자한 채권의 만기가 길수록 채권가격 변동폭이 커지기 때문에 전체 투자수익에서 자본손익 비중이 커지게 된다.

채권가격과 금리는 개별적으로 변동될 수 있으나, 두 변수 사이에는 매우 밀접한 관계가 있다. 시소처럼 채권가격과 금리는 반대 방향으로 움직인다는 것이다. 이자수익(쿠폰)이 변화하지 않더라도 금리(이자율)가 하락하면 가격이 상승하고, 반대로 금리가 상승하게 되면 가격이 하락하는 것이다. 이러한 원리는 개별채권뿐만 아니라 채권시장 전체에도 적용된다.

채권가격과 금리의 관계를 직관적으로 보면 〈도표 2-2〉와 같다. 또한 채권가격과 금리는 역Inverse의 관계를 가지고 있다. 즉 시장금리가 올라가면 채권가격은 하락하고, 반대로 시장금리가 내려가면 채권가격은 상승하게 된다(〈도표 2-3〉).

도표 2-2 금리와 채권가격의 관계

이자율(금리)

채권가격

도표 2-3 이자율의 상승과 하락에 따른 채권가격의 변화

이자율 상승 　　　　　　　　　　이자율 하락

금리상승　채권가격 상승

채권가격 하락　　　　　　　　　　　　금리하락

●●●

3. 금리, 무엇에 영향을 받는가?

명목이자율과 실질이자율, 무엇이 시소를 움직이는가?

개별채권은 발행자와 관련된 고유한 이슈, 즉 신용등급 변화 등에 의해 채권가격에 영향을 받기도 하지만, 모든 채권에 공통적으로 영향을 주는 주요 변수가 따로 있다. 모든 종류의 채권가격에 영향을 미치는 주요 변수는 인플레이션과 이에 영향받는 이자율이다. 이자율이나 인플레이션이 상승하면 채권가격이 하락하게 된다. 인플레이션과 이자율은 모두 채권가격과 반대 방향으로 움직인다.

명목금리 내지 명목이자율은 인플레이션(물가상승률)을 감안한 이자율로, 우리가 흔히 말하는 시장금리가 여기에 해당한다. 이때 명목금리는 은행이자로 봐도 무방하다. 이론적으로 명목금리는 실질이자율과 예상인플레이션의 합으로 설명할 수 있다.

[Fisher 방정식]

명목이자율 = 실질이자율 + 예상인플레이션

일반적으로 이자율은 명목이자율과 실질이자율로 나눠볼 수 있다. 실질이자율은 명목이자율에서 인플레이션을 뺀 것이다.

실질이자율 = 명목이자율 - 예상인플레이션

따라서 명목이자율은 일정 기간 동안에 예금이자가 얼마인지를 알려주는 반면, 실질이자율은 명목이자율에서 인플레이션을 조정하여 계산되기 때문에 실질구매력Purchasing Power을 보여주는 이자율이다. 예를 들어 명목이자율이 3% 이고 인플레이션율이 5%인 경우, 실질이자율은 -2%가 된다. 즉 1년 뒤에 살 수 있는 재화의 양이 2%만큼 줄어들게 되어 구매력 감소로 나타나게 된다. 실질적으로 2%만큼 손해를 보게 된다는 의미이다.

좀 더 자세히 설명하면, 명목이자율이 인플레이션보다 높은 경우에는 실질금리가 플러스로 실질구매력이 증가하게 된다. 반면에 명목이자율이 인플레이션보다 낮은 경우에는 실질금리가 마이너스로 실질구매력이 감소하게 된다. 실질금리가 마이너스인 경우에는 화폐가치(구매력)가 감소하기 때문에 전통적인 금융자산 투자보다 실물자산 투자(금, 원자재 등)가 바람직하다. 즉 인플레이션이 급등해 은행금리보다 높게 되는 상황이다.

이자율, 인플레이션, 구매력의 관계

경제상황		구매력	추천상품
(명목)이자율 VS (예상)인플레이션	실질금리		
이자율 > 인플레이션	+	증가	전통적 금융투자(주식, 채권)
이자율 < 인플레이션	-	감소	인플레이션 연계상품, 실물투자

도표 2-5 **시장금리와 인플레이션의 관계**

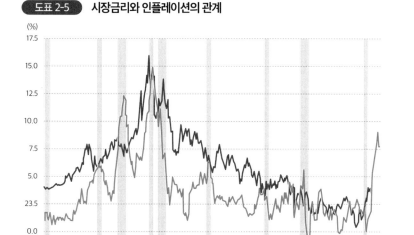

미국 10년만기 국채금리   미국 소비자 물가지수 (CPI)

• 자료 : Bloomberg

　　실제 채권시장에서 (명목)시장금리에 가장 큰 영향을 미치는 것은 (예상) 인플레이션이다. 따라서 채권에 투자하자고 할 경우 가장 먼저 고려해야 할 경제변수는 인플레이션 전망이다. 〈도표 2-5〉는 지난 62년간 미국 10 년만기 국채금리와 인플레이션 지표인 소비자물가지수를 비교한 자료이다. 도표를 보면 장기적으로 명목시장금리는 인플레이션에 수렴하는 모습을 보인다.

왜 채권가격은 인플레이션이 발생하면 하락할까?

왜 채권가격은 인플레이션이 발생하면 하락할까? 이 질문의 답은 채권에서 발생하는 이자수익의 상대적 가치와 관련이 있다. 인플레이션이 증가하여 일정기간 동안 물가가 상승하는 것은 기존채권 이자수익의 실질구매력Purchasing power을 줄이는 효과가 발생한다. 즉 실질 화폐가치가 하락하는 것을 의미한다.

예를 들어 3년 만기 연 4% 채권에 1억 원을 투자했다고 하자. 연간 발생하는 이자수익이 400만 원인데 3년 사이에 인플레이션(물가상승)이 발생하면 이자수익 400만 원의 현재가지를 고려해야 한다. 즉 물가상승을 감안

인플레이션과 채권가격의 관계

한 실질가치는 하락하고, 채권의 실질구매력이 감소하는 것이다.

이를 정리하면 다음과 같다. 투자자들은 기존 채권의 이자수익이 인플레이션 상승으로 인한 구매력 감소로 줄어들 것을 걱정하게 된다. 이에 해당 채권에 대한 채권수요가 감소하게 되어 채권가격이 하락하게 된다.

<투자예시>

- **투자시점** : 1억 원 투자, 4% 이자, 연 400만 원 이자수익
- **경제환경 변화** : 2년간 인플레이션(물가) 5% 상승 → 구매력 감소
- **채권가격 영향** : 기존채권 실질가치 하락 → 투자자 기존채권 매도
  → 채권가격 하락

인플레이션은 채권의 최대 적^{Enemy}이다. 인플레이션이 채권에서 발생하는 미래현금흐름의 구매력$^{Purchasing power}$을 감소시키기 때문이다. 다시한 번 정리하면 현재 인플레이션과 예상인플레이션이 높을수록, 신규발행되는 채권의 금리(이자율)는 높아질 것이다. 이런 상황에서는 상대적으로 낮은 이자수익을 제공하는 기존 채권의 수요가 감소하여 채권가격이 하락하게 된다.

4. 기준금리, 시장금리, 인플레이션은
어떤 관계인가?

인플레이션과 예상인플레이션은 단기금리와 장기금리의 연결고리다. 전 세계적으로 단기금리는 각국의 중앙은행이 관리한다. 미국은 연방공개시장위원회^{FOMC}가 기준금리$^{Federal\ Fund\ Rate}$를 결정한다. 미 연준리는 물가안정과 완전고용이라는 목표를 이루기 위하여 기준금리를 사용한다. 즉 중앙은행은 경기가 과열국면이면 기준금리 인상을 통해 인플레이션을 통제하여 경기를 둔화시키려 하고, 반면에 경기가 침체국면이면 기준금리 인하로 경기부양을 하고자 한다.

채권가격에 직접적인 영향을 미치는 장기 시장금리는 중앙은행이 직접 관리하지 않는다. 시장의 힘(수요와 공급), 즉 시장참여자들의 수요와 공급에 의해 장기채권의 균형을 이루는 수준에서 균형가격과 장기금리가 결정된다. 이자율, 채권가격, 그리고 인플레이션 전망은 서로 매우 밀접한 상관관계가 있다. 각국 중앙은행에서 관리되는 기준금리 움직임과 시장의 예상인플레이션이 장기금리에 동시에 영향을 준다. 〈도표 2-7〉을 보면 좀

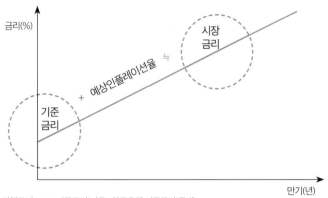

도표 2-7 장기금리에 영향을 주는 기준금리와 인플레이션

- 정책금리 : FRB 기준금리(미국), 한국은행 기준금리(국내)
- 시장금리 : 10년만기 국채금리(미국), 3년만기 국채금리(국내)

더 쉽게 이해가 될 것이다.

미국의 정책금리는 FRB의 기준금리이며, 한국은 한국은행이 결정하는 기준금리이다. 기준금리는 각국 중앙은행이 결정하지만, 시장금리는 시장 참여자들이 결정하는 금리로서 각국 채권시장 상황에 따라 다소 차이가 있다. 미국은 장기채권시장이 잘 발달되어 있어 10년 만기 국채금리가 시장금리 역할을 한다. 반면에 한국은 상대적으로 단기채권 위주로 발달되어 있어 일반적으로 3년 만기 국채금리를 시장금리라고 한다.

왜 중앙은행의 의사결정을 주목해야 하나?

　보통 집을 사거나 은행대출을 받는 경우를 제외하고는 중앙은행(FRB 혹은 한국은행)의 기준금리 의사결정(상승이나 인하결정)에 크게 주목하지 않는다. 그러나 중앙은행의 금리정책 결정은 실제 채권시장에서 매우 중요한 변수로 상당한 영향을 미치게 된다.

　미국 연준리^{Fed}나 한국은행은 인플레이션을 잘 관리하는 것이 가장 중요하다. 인플레이션이 상승하면 연준리^{Fed}는 금리인상을 통해 인플레이션을 통제할 수 있다. 기준금리 인상을 통해 대출금리를 더 비싸게 하여 경제성장 속도를 늦추는 것이다. 예를 들어 대출이자율이 상승하면 집을 구매할 수 있는 여력이 있는 사람이 감소하게 된다. 이렇게 되면 부동산시장 전체를 진정시키게 되고, 이것은 다시 전체 경제성장 속도를 둔화시킨다.

　모든 중앙은행은 적정한 수준에서 인플레이션을 유지하는 것을 목표로 한다. 따라서 각국 중앙은행은 효과적인 금리정책 결정을 위해 인플레이션 목표를 설정하고 있다. 미 연준리^{FRB}와 유럽중앙은행^{ECB}의 인플레이션 목표는 2%이다. 이 수준을 넘어가면 중앙은행은 기준금리 인상을 통해 인플레이션을 통제하려고 한다.

　중앙은행이 금리결정을 할 때 가장 중요하게 고려하는 사항은 목표인플레이션 대비 예상인플레이션이 어느 수준인지 파악하는 것이다. 목표인플레이션보다 높게 인플레이션이 예상될 경우 경기속도 조절과 인플레이션 통제 목적으로 기준금리를 인상하게 된다. 반대로 인플레이션이 목표인플레이션 이하로 하락할 것으로 예상되면 인플레이션이 잘 관리되고 있는

경제상황	금리정책	기대효과	채권가격
목표인플레이션 > 예상인플레이션	기준금리 인하	경기부양, 소비촉진	채권가격 상승
목표인플레이션 < 예상인플레이션	기준금리 인상	경기둔화, 인플레이션 통제	채권가격 하락

것으로 판단하나, 인플레이션이 추세적으로 하락하면 소비촉진과 경제성장을 위해 기준금리를 인하하게 된다.

목표인플레이션보다 예상인플레이션이 낮으면서 지속적으로 인플레이션이 하락하는 경우, 이는 경기가 하락하고 있다는 의미이다. 그렇기 때문에 중앙은행은 경기부양을 위해 기준금리를 인하하게 된다. 이렇게 되면 기존채권가격은 금리인하로 가격이 상승하게 된다.

반면에 인플레이션 크게 상승하여 목표인플레이션을 초과하는 경우에는 경기과열이 우려된다. 그렇기 때문에 중앙은행에서는 기준금리 인상을 통해 시중 유동성을 축소하여 경기를 진정시키고자 한다. 이렇게 금리인상을 하면 기존 채권가격은 하락하게 된다.

일반적으로 미 연준리 같은 중앙은행이 기준금리를 인상하면, 기타 시장금리도 같이 상승하게 된다. 이는 채권발행 기업이 성공적인 채권발행을 하기 위해서는 채권투자자에게 시장금리 상승에 상응하는 이자수익을 제공해야 하기 때문이다. 높은 이자율의 신규채권들이 발행되면 기존의 낮은 금리 채권들의 가치가 하락하게 된다. 따라서 기존 채권 가격이 하락하게 된다.

이것이 바로 경기가 상승하고 있음에도 불구하고 채권가격이 하락하는 현상의 이유이다. 경기가 과열되면 이는 인플레이션으로 연결되므로, 일반투자자들은 채권가격 하락을 유발하는 미 연준리나 한국은행의 기준금리 인상을 우려하게 된다. 경기변동이 채권가격에 영향을 주는 과정은 다음과 같다.

경기상승 → 인플레이션 증가 → 기준금리 인상
→ 시장금리 상승 → 채권가격 하락

일반 소비자물가지수와 핵심 소비자물가지수

중앙은행에서 기준금리 결정 시 가장 중요하게 고려하는 것은 인플레이션율(물가상승) 지표이다. 일반적으로 인플레이션을 보여주는 지표는 소비자 물가지수이다. 각국 정부는 소비자물가지수를 일반 소비자물가지수 Consumer Price Index : CPI와 핵심 소비자물가지수 Core CPI로 나누어 발표한다.

일반 소비자물가지수 CPI가 일반적인 물가지수라면, 핵심 소비자물가지수 Core CPI는 일반 소비자물가지수에서 변동성이 높은 음식료와 에너지를 차감하여 계산한 물가지표이다. 일반 소비자물가지수는 변동성이 매우 심해 추세를 판단하는 데 적합하지 않은 측면이 있다. 반면에 단기적 변동성이 심한 음식료와 에너지를 배제한 핵심 소비자물가지수는 물가의 추세적인 방향성을 확인하기에 용이한 지표이다.

〈도표 2-9〉는 1960년부터 2023년까지 미국 소비자물가지수를 보여준다. 이 그래프에서 일반 소비자물가지수는 상대적으로 변동성이 높은 반면, 핵심(근원) 소비자물가지수는 변동성이 낮아 추세파악에 용이한 것을 확인할 수 있다. 따라서 각국 중앙은행이 참고하는 인플레이션 지표는 식료품과 에너지 가격을 제외한 핵심 소비자물가지수^{Core CPI}를 참조하여 의사결정을 하게 된다.

핵심 소비자물가지수에 대해 구체적으로 알아보자. 핵심 소비자물가지수는 기초경제 여건에 의해 결정되는 장기적인 물가상승률을 뜻한다. 대부분 실제 물가상승률에서 농산물 작황, 국제 원자재가격 및 원유가격 변동 같은 일시적인 외부충격에 의한 물가변동분을 제거한 인플레이션이다. 일반 소비자물가지수가 중앙은행 목표물가보다 높아도 중앙은행이 금리인상을 하지 않는 경우가 있는데, 이는 핵심 소비자물가지수가 여전히 목

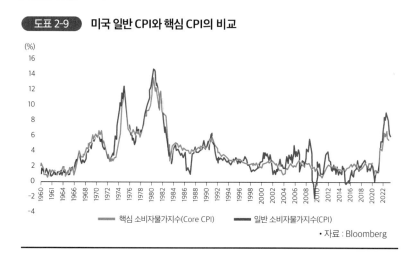

도표 2-9 미국 일반 CPI와 핵심 CPI의 비교

(%)

  핵심 소비자물가지수(Core CPI) 　　 일반 소비자물가지수(CPI)

• 자료 : Bloomberg

표물가 수준에 머물러 있기 때문이다.

일반 소비자물가지수와 핵심 소비자물가지수는 원자재물가, 특히 유가 상승으로 인한 물가상승인 경우 괴리가 많이 발생한다. 핵심 인플레이션을 산정할 때 농산물가격과 에너지가격을 제외하는데, 이는 농산물과 에너지가 단기적으로 변동성이 너무 커서 이를 기반으로 정책을 수립하기 어렵기 때문이다. 그래서 장기적인 인플레이션 추세를 예측하려고 핵심 소비자물가지수를 사용하게 된다.

인플레이션에 영향을 미치는 중요한 변수

다양한 경제변수가 인플레이션에 영향을 미치는데, 그중에서 가장 큰 영향을 주는 7가지 요인을 정리하면 다음과 같다.

① **경제성장률**Economic growth rate : 경제성장률이 중앙은행의 목표인플레이션을 초과하면, 이는 인플레이션 압력으로 작용하게 된다.

② **임금인플레이션**Wage inflation : 임금상승은 기업의 비용증가를 유발하고 소비를 증진하게 한다. 이는 향후 인플레션 상승에 중요한 요인이 된다. 특히 미국은 소비가 전체 GDP의 70%를 자치하기 때문에 개인들의 임금상승은 매우 중요한 인플레이션 신호다.

③ **실업률**Unemployment : 높은 실업률은 임금인플레이션을 하락시키고 인플레이션 압력도 줄어들게 한다. 반면에 낮은 실업률은 임금상승

압력으로 작용하기 때문에 인플레이션 상승요인이 된다.

④ **원자재가격**Commodity prices : 원자재가격 상승은 인플레이션을 증가시키나, 일부 원자재가격은 단기적 변동성이 크기 때문에 장기 추세적 인플레이션 가이드 역할을 하기 어려운 경우가 있다.

⑤ **환율**Exchange Rate : 추세적인 자국통화 약세는 수입품의 가격상승으로 연결되기 때문에 결과적으로 인플레이션을 수입Import하게 된다. 최근 미국 대통령 도널드 트럼프가 최근에 자국산업 보호를 위해 실시하려는 수입품 관세 인상정책은 수입물가 상승을 촉발하게 된다. 그러므로 인플레이션을 수입하는 효과를 받게 된다.

⑥ **주택가격**House prices : 주택가격은 소비자물가지수CPI에 직접적인 영향을 주지는 않는다. 하지만 주택가격 상승은 긍정적인 부의 효과Wealth effect를 촉발하게 되므로 장기적으로 소비증가를 유발한다.

⑦ **소비자신뢰**Consumer confidence : 소비자가 경기에 대한 자신감이 높아지면 소비촉진으로 연결되어 인플레이션을 유발하게 된다.

앞의 주요 변수들의 움직임을 잘 파악하면 물가상승 여부를 사전에 판단할 수 있다. 이는 곧 채권가격의 방향도 예측할 수 있게 해준다. 요약하면 경제성장률 증가, 임금인플레이션 증가, 실업률 감소, 원자재가격 상승, 투자국 통화절하(통화가치 하락), 주택가격 상승, 그리고 소비자신뢰지수가 상승하는 경우에는 인플레이션이 증가하여 채권가격에는 부정적인 영향을 미친다.

반대로 경제성장률 둔화, 임금인플레이션 약화, 실업률 증가, 원자재가

| 도표 2-10 | 경제변수별 인플레이션 영향 및 채권가격 | | |

주요 변수		인플레이션 영향	채권가격
경제성장률	상승	+	-
	하락	-	+
임금인플레이션	상승	+	-
	하락	-	+
실업률	상승	-	+
	하락	+	-
원자재가격	상승	+	-
	하락	-	+
환율	절상	-	+
	절하	+	-
주택가격	상승	+	-
	하락	-	+
소비자신뢰	상승	+	-
	하락	-	+

• 다른 경제변수가 동일하다는 가정이며, 국채 위주의 우량채권이 대상

격 하락, 투자국 통화절상, 주택가격 하락, 그리고 소비자신뢰지수가 하락하는 경우에는 인플레이션이 하락한다. 그렇기 때문에 채권가격에는 긍정적인 영향을 준다.

5. 채권가격의 변수와 영향

앞에서 언급했던 채권가격 변수와 영향을 정리하면 다음과 같다.

- 채권가격은 금리(이자율)와 반대 관계이다. 즉 금리가 상승하면 채권가격은 하락하고, 금리가 하락하면 채권가격은 상승한다.
- 채권수익은 이자수익과 자본손익으로 구성되는데, 자본손익(가격변동에 따른 손익)은 금리변동에 좌우된다.
- 시장(명목)금리는 실질금리와 인플레이션의 합으로 구성된다.
- 명목인플레이션과 시장(국채)금리는 장기간에 걸쳐 수렴하게 된다.
- 올바른 채권투자를 위해서는 중앙은행 정책(기준)금리 방향에 관심을 가져야 한다.

- 시장금리와 정책금리(기준금리) 예측에서 가장 중요한 것은 예상 인플레이션이다.
- 인플레이션 방향은 변동성이 낮은 핵심(근원) 소비자물가지수로 확인하라.
- 인플레이션에 영향을 미치는 주요 경제변수를 잘 파악하면, 인플레이션 예측이 가능하다(경제성장률, 임금인플레이션, 실업률, 원자재가격, 환율, 주택가격, 소비자신뢰).

채권투자 타이밍은 채권가격이 상승할 가능성이 높을 때이며, 즉 채권금리가 하락할 가능성이 높을 때 투자해야 한다. 채권펀드 투자 시 가장 먼저 체크할 사항은 투자기간 동안의 시장금리 전망이다. 그러기 위해서는 중앙은행 기준금리 방향과 인플레이션을 예상해야 하는데, 이는 채권투자에서 주요한 고려사항이다.

투자기간 중 금리가 상승하면 채권가격이 하락하여 자본손실이 발생한다. 반면에 금리가 하락하면 채권가격이 상승하여 이자수익에 추가적으로 자본이득(가격상승에 따른 차익)까지 기대할 수 있게 된다.

도표 2-11 **금리변동에 따른 채권투자수익 영향**

① 채권수익(= ② + ③)	② 이자수익	③ 자본손익(가격손익)
금리상승 시	변동없음	자본손실(가격하락)
금리하락 시		자본이득(가격상승)

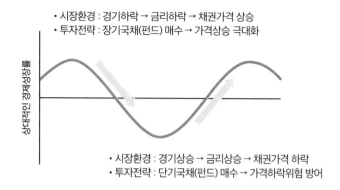

도표 2-12 경기상황에 따른 실전 채권투자방법_우량채권

• 시장환경 : 경기하락 → 금리하락 → 채권가격 상승
• 투자전략 : 장기국채(펀드) 매수 → 가격상승 극대화

• 시장환경 : 경기상승 → 금리상승 → 채권가격 하락
• 투자전략 : 단기국채(펀드) 매수 → 가격하락위험 방어

경기상황에 따른 채권수익 극대화를 위한 전략을 간단하게 정리하면 다음과 같다. 경기하락기에는 최대한 만기가 긴 국채를 매수해 금리하락으로 인한 채권가격상승 극대화 전략을 구사해야 한다. 반면에 경기상승 국면에는 금리상승으로 인한 채권가서 하락위험이 있다. 그러므로 최대한 만기가 짧은 채권에 투자해 가격하락위험을 최소화하고 채권의 이자수익을 보호하는 투자를 해야 한다. 물론 경기상승 국면에 적합한 하이일드채권이나 이머징채권은 앞의 전략이 맞지 않을 수 있다. 이는 나중에 다시 설명하도록 하겠다.

미국 연준리 정책금리 결정 과정은 다음과 같다. 해당 내용은 Federal Reserve Bank of San Francisco의 자료를 인용했다.

1. 중앙은행 정책목표

- 완전고용
- 물가안정

2. 정책결정

- 연간 8회 미팅
- 정책목표를 달성하기 위해 통화정책^{Monetary policy}을 결정한다.
- 실제 금리결정 미팅은 연준리 의장 인터뷰가 있는 회의에서 주로 결정된다.

\<FOMC 미팅일정\>

월(Month)	일(Date)	FOMC 경제전망 발표
1월/2월	31~1	
3월	21~22	○
5월	2~3	
6월	13~14	○
7월	25~26	
9월	19~20	○
10월/11월	31~1	
12월	12~13	○

- 2023년 기준

3. 정책실행

- 연준금리^{Federal Fund Rate}를 통해 2가지 정책목표를 수행한다.
- Fed 금리는 다양한 단기금리의 기준금리^{Benchmark} 역할을 한다.
- Fed 금리조정 ⇒ 단기금리 영향 ⇒ 장기금리 조정 ⇒ 물가^{Price}, 고용^{Employment}, 생산^{Output}에 영향

4. 요점정리

- 경기악화 ⇒ 인플레이션 하락 ⇒ 양적완화 정책 ⇒ Fed 금리인하
- 경기상승 ⇒ 인플레이션 상승 ⇒ 긴축정책 ⇒ Fed 금리인상

Chapter 3

●●●

채권투자 고수의 길,
신용등급과 가산금리
이해가 열쇠다!

●●●

채권에 투자할 때 해당 채권의 특징을 가장 쉽게 알 수 있는 방법이 있다. 바로 채권의 신용등급을 확인하는 것이다. 가장 쉬우면서도 간단한 방법이다. 왜냐하면 채권의 신용등급은 해당 채권의 다양한 정보를 담고 있기 때문이다. 신용등급 정보를 통해 알 수 있는 것은 다음과 같다. 채권의 부도가능성, 채권가격의 시장민감도, 그리고 투자타이밍 등이다. 이번 장에서는 채권의 신용등급을 이해하고, 신용도에 따른 가산금리를 알아보겠다.

1. 신용등급으로 예상수익과
변동성을 알 수 있다

신용등급에 따른 예상수익과 변동성(〈도표 3-1〉)을 정리하면 다음과 같이 정리할 수 있다.

- 신용등급이 높을수록 이자수익은 작고, 시장 상황에 따른 자본손익 영향이 작아서 수익변동성도 작아진다.
- 신용등급이 낮을수록 이자수익은 크고, 시장 상황에 따른 자본손익 영향이 커져 수익변동성도 커진다.

신용등급이 높을수록 부도가능성이 낮기 때문에 채권의 위험프리미엄이 작아져 이자수익이 작아진다. 또한 경기변화에 따른 발행기업이 받는 영향도 제한적이기 때문에 신용등급이 높을수록 경기변동에 따른 채권가격 변동은 상대적으로 작아지게 된다.

신용등급에 따른 예상수익과 변동성

신용등급 구분		이자수익 크기	자본손익 크기	수익변동성
투자적격	세부등급			
○	AAA	작다	작다	작다
○	AA			
○	A	↕	↕	↕
○	BBB			
×	BB			
×	B 이하	크다	크다	크다

반면에 신용등급이 낮을수록 부도가능성이 높아지기 때문에 이에 대한 위험프리미엄인 이자수익이 커진다. 하지만 경기변동에 따른 채권의 부도 가능성에도 영향을 받기 때문에 신용등급이 낮을수록 경기변화에 따른 채권가격 등락이 커지게 된다. 따라서 신용등급이 낮을수록 예상수익과 변동성도 커지게 된다. 신용등급과 경기상황(〈도표 3-2〉)을 정리하면 다음과 같다.

• 신용등급이 높을수록 경기변동에 영향을 덜 받으며, 경기가 하락 할수록 양호한 수익을 낸다. 반면에 경기가 상승할수록 채권수익 에는 덜 긍정적이다.

신용등급과 경기상황

신용등급 구분		채권수익에 미치는 경기변동 영향	경기침체 시 채권수익	경기회복 시 채권수익
투자적격	세부등급			
○	AAA	작다	긍정적	부정적
○	AA			
○	A			
○	BBB			
×	BB			
×	B이하	크다	부정적	긍정적

- 신용등급이 낮을수록 경기변동에 영향을 많이 받으며, 경기가 하락할수록 채권수익은 나빠진다. 반대로 경기가 회복되면 수익률은 매우 좋아진다.

일반적으로 신용등급이 낮은 기업일수록 경기상황 변화에 따른 기업실적 및 기업재무 상태가 영향을 많이 받는다. 따라서 등급이 낮을수록 경기변동에 따른 채권가격 변화가 많이 발생한다. 신용등급이 낮은 기업은 경기가 좋아지면 발행기업의 부도가능성도 낮아지기 때문에 채권가격은 상승한다. 반대로 경기가 악화되면 발행기업의 위험이 커지기 때문에 신용등급이 낮은 기업들은 경기하락기에 채권가격이 하락한다고 할 수 있다.

한편 신용등급이 높은 채권은 경기변화에 따라 부도가능성이 크게 영향을 받지 않기 때문에 신용등급이 낮은 채권 대비 경기에 영향을 덜 받는다. 또한 경기하락기에는 주식과 같은 위험자산은 회피하고 안전자산 선호현상이 나타나 신용등급이 높은 우량채권 수요가 커진다. 그렇기 때문에 신용등급이 높은 채권가격이 높아지게 된다. 반대로 경기가 회복하게 되면 안전자산의 수요가 감소하게 되기 때문에 우량채권의 가격이 낮아지는 것이다.

요약하면 같은 채권이지만 신용등급이 높은 채권과 낮은 채권은 경기에 따른 반응이 정반대로 작용한다. 경기하락기에 등급이 높은 우량채권 가격은 상승하는 반면, 신용등급이 낮은 채권가격은 하락하게 된다. 또한 경기상승 국면에서는 신용등급이 낮은 채권가격은 상승하나, 신용등급이 높은 채권의 가격은 하락할 가능성이 있다.

●●●

2. 채권의 신용등급은
기업의 부도가능성이다

　개인이나 기업을 대상으로 은행이 실시하는 대출은 담보대출과 신용대출로 나뉜다. 담보대출은 은행 입장에서 큰 위험 없이 대출을 줄 수 있지만, 신용대출은 대출상환을 담보할 수 있는 것이 없기 때문에 대출자나 대출기업의 신용도가 매우 중요하다. 따라서 신용도가 낮을수록 대출을 주는 은행이나 차주 입장에서 상환받지 못할 가능성이 커진다. 그래서 이에 대한 위험프리미엄인 대출이자를 높게 부과하게 된다. 결과적으로 대출기업이나 개인의 신용등급이 낮을수록 대출이자가 높아지고, 신용도가 높을수록 대출이자가 낮아진다.

[채권금리 결정구조]

(개별기업)채권금리 = 동일만기 국채금리 +
발행기업(국가) 신용도에 따른 가산금리

채권도 은행과 마찬가지로 자금을 조달하고자 하는 기업이나 국가의 신용도에 따라 채권금리가 달라진다. 이때 채권발행자의 객관적인 신용도를 판단할 수 있게 해주는 것이 신용등급이다. 다시 말해 신용등급^{Credit rating}은 채무상환능력 그리고 채무자의 부도가능성을 예측하여 잠재적 대출자(기업, 정부)의 신용위험^{Credit risk}을 측정하는 것이다.

채권투자에서 신용등급은 매우 중요한 변수이다. 동일한 경제상황에서는 신용등급에 따라 채권가격의 움직임이 달라질 뿐만 아니라, 부도위험도 달라진다. 그렇기 때문에 개별채권 혹은 채권펀드에 투자한다면 해당 채권의 신용등급을 반드시 확인해야 한다. 채권 신용등급 산정을 어느 기관에서 하고, 등급이 어떻게 결정되는지 알아보자.

기업의 신용등급을 평가하는 글로벌 3대 신용평가사는 다음과 같다. S&P^{Standard & Poor's}, 무디스^{Moody's}, 그리고 피치^{Fitch Group}이다. S&P와 무디스는 미국에 본사를 두고 있고, 피치는 뉴욕과 런던에 동시에 본사를 두고 있다. 신용등급은 해당 기업 내지 국가가 일정한 기간 내(1년 단기와 장기간)에 부도가 날 가능성을 평가하는 것이다. 과거의 기관투자자들은 장기간에 대한 등급을 주로 고려했으나, 최근에는 단기 신용등급이 주로 활용된다.

글로벌 신용평가사의 신용등급표를 보면 기업 내지 국가의 신용도에 따라 AAA에서 D 등급까지 구분된다. 가장 신용등급이 높은 것은 AAA이다. 이 등급은 실질적으로 부도가능성이 거의 없는 채권으로, 일반적으로 국채가 여기에 해당된다. 반면에 국가 내지 기업의 신용도가 떨어질수록, 즉 부도가능성이 높을수록 B, C, D로 낮게 평가된다. 특히 D등급은 실질적으

글로벌 3대 신용평가사 등급표

투자적격여부	신용도	S&P	Moody's	Fitch	5년 내 부도확률
투자적격	높음	AAA	Aaa	AAA	0.17%
	↑	AA	Aa	AA	0.33%
		A	A	A	0.67%
		BBB	Baa	BBB	3.33%
투자부적격 (Junk Bond)		BB	Ba	BB	10.0%
		B	B	B	20.0%
		CCC	Caa	CCC	50.0%
		CC		CC	
	낮음	D	C	D	

• 글로벌 신용평가사가 발표하는 과거부도율을 바탕으로, 향후 5년 내 부도율을 계산함

로 부도상태의 기업으로 보면 된다.

〈도표 3-3〉은 글로벌 3대 신용평가사 등급표를 비교한 자료이다. 글로벌 신용평가사 간 표기법은 다소 차이가 있으나, 투자적격채권과 투자부적격채권의 구분은 동일하다. 신용등급이 BBB 이상인 채권은 투자적격 채권으로 간주되며, BB 이하 신용등급 채권은 투자부적격 채권으로 일컬어진다. 투자부적격채권은 정크본드[Junk Bond]라고도 불리며, 투자자들에게는 이자수익이 높다는 이유로 하이일드[High Yield]채권 내지 고수익 채권으로도 통용된다.

신용등급이 높을수록 부도가능성은 매우 낮아진다. 신용등급이 A 이상인 채권의 향후 5년 내 부도확률은 1% 미만으로 매우 미미한 수준이다. 반

면에 투자부적격채권 중 가장 높은 신용등급인 BB 채권의 향후 5년 내 부도확률은 10%로 상대적으로 높은 편이다. 특히 신용등급이 C인 채권은 향후 5년 내 부도확률이 50%에 육박하는데, 매우 위험한 채권이라고 할 수 있다. 채권투자에서 투자채권의 신용등급은 채권의 부도가능성에 대한 객

도표 3-4 주요 이머징국가 신용등급

국가	S&P	Moody's	Fitch
한국	AA	Aa2	AA-
중국	A+	A1	A+
칠레	A	A3	A-
폴란드	A-	A2	A-
말레이시아	A-	A3	BBB+
필리핀	BBB+	Baa2	BBB+
인도네시아	BBB	Baa2	BBB
헝가리	BBB	Baa2	BBB
멕시코	BBB	Baa2	BBB-
인도	BBB-	Baa3	BBB-
콜롬비아	BB+	Baa2	BB+
남아공	BB-	Ba2	BB-
브라질	BB-	Ba2	BB-
터키	B	B3	B
아르헨티나	CCC+	Ca	CCC-
러시아	NR	NR	NR

• 2022년 말 기준
• Trading Economics

관적인 지표로 볼 수 있기 때문에, 투자 시 반드시 체크해야 할 중요 투자 지표이다.

지난 몇 년간 국내시장에서 브라질채권을 필두로 다양한 이머징국채에 투자수요가 몰리고 있다. 하지만 국내투자자에게 투자국가에 대한 정확한 신용등급 정보제공은 미흡한 상황이다. 〈도표 3-4〉는 투자에 참고할 수 있는 객관적인 이머징국가 신용등급 정보이다.

남아공, 터키, 아르헨티나의 국가신용 등급은 투자부적격 등급이다. 남아공의 신용등급은 글로벌 신용평가사별로 다소 상이한데, 투자적격등급 ^{BBB}과 투자부적격등급^{BB}을 동시에 받고 있다. 한편 러시아는 우크라이나와의 전쟁으로 국가 경제에 불확실성이 커지자, 모든 글로벌 신용평가사가 신용등급을 표기하지 않고 있다. 반면에 한국, 중국, 칠레, 폴란드는 국가 신용등급이 A등급으로 상대적으로 양호한 국가다. 참고로 한국은 중국과 비슷한 등급이며, 이머징국가 중 가장 높은 AA등급이다. 신용등급 적용 시스템을 자세히 알고 싶다면 〈도표 3-5〉를 참고하면 된다.

국내투자자 입장에서 신용등급에 대해 꼭 알아야 할 사항이 있다. 동일한 기업에 대한 신용등급이 국내 신용평가사 등급과 글로벌 신용평가사 등급이 차이가 있다는 점이다. 국내 신용평가사 등급과 글로벌 신용평가사 등급의 차이점을 정확하게 알고 있어야, 국내채권과 해외채권에 올바르게 투자할 수 있다.

국내에서 신용평가를 하는 회사는 NICE신용평가, 한국신용평가, 한국기업평가이다. 국내 신용평가사는 글로벌 신용평가사와 달리 국내기업 위주로 신용평가 업무를 한다. 따라서 글로벌 신용평가사와 국내 신용평가

투자등급	AAA	채무상환 능력이 극히 높음/최상등급
	AA	채무상환 능력이 매우 높음
	A	채무상환 능력이 충분하나 경제상황 악화에 다소 취약함
	BBB	채무상환 능력이 충분하나 상위등급에 비해 경제상황 악화에 좀 더 취약함
	BBB-	투자등급 중 최하등급으로 인식됨
투기등급	BB+	투기등급 중 최상등급으로 인식됨
	BB	가까운 장래에 채무불이행이 발생할 가능성은 비교적 낮으나 경영상태, 재무상황, 경제상황이 악화될 경우 채무불이행 가능성이 충분히 고려됨
	B	현재로서는 채무상환 능력이 있으나 경영상태, 재무상황, 경제상황이 악화될 경우 채무불이행 가능성이 높음
	CCC	현재 채무불이행 가능성이 있으며 채무이행 능력은 경영, 재무, 경제상황이 호의적일 경우에만 있다고 보여짐
	CC	채무불이행 가능성이 현재로서 상당히 높음
	C	파산신청 중이거나 이와 유사한 상황이나 원리금은 계속 상환하고 있음
	D	채무불이행 상태

• 자료 : S&P

사 간 기업신용 평가절차와 평가기준은 다소 차이가 있다.

동일한 기업에 대해 글로벌 신용평가사가 국내 신용평가사보다 더 엄격하게 신용등급을 부여한다. 실제로 동일한 회사에 대해 국내 신용평가사 등급과 해외 신용평가사의 등급이 2~3단계 차이가 있다. 국내기업 상당수는 글로벌 신용등급이 없는데, 해외자금 조달이 용이하지 않아 글로벌 신용평가 신청을 하지 않기 때문이다.

〈도표 3-6〉를 보자. 도표를 보면 알 수 있듯이 글로벌 신용평가사가 더

국내 신용등급과 글로벌 신용등급의 비교

구분	국내 신용등급	글로벌 신용등급
삼성전자		AA-
현대자동차	AA+	BBB+
LG전자	AA	BBB
SK하이닉스	AA	BBB-

• 2022년 말 기준

보수적으로 평가한다. 그렇기 때문에 글로벌시장의 투자부적격 기업과 국내시장의 투자부적격 기업을 동일하게 평가해서는 안 된다.

좋은 예가 도표에 나와 있는 SK하이닉스반도체이다. 해당 기업은 국내 신용등급은 AA로 매우 높지만, 글로벌 신용등급은 투자부적격 등급인 BBB-로 평가되었다. 동일한 시점에 평가를 받았지만 차이가 나는 것이다.

상대적으로 엄격하게 등급이 부여되는 글로벌 투자부적격 채권시장은 개인투자자들의 고수익 채권시장으로 활용된다. 반면에 국내 신용등급 기준으로 투자부적격인 기업은 상대적으로 많은 위험을 내포하고 있다. 그렇기 때문에 국내 고수익 채권시장이 활성화되지 못하고 있다.

●●●

3. 신용등급으로 채권을
구분할 수 있다

채권구분에서 가장 중요한 기준은 신용등급이다. 신용등급으로 크게 구분하면 국채, 준정부채, 우량회사채, (달러표시)이머징마켓 채권, 하이일드채권으로 구분할 수 있다.

우선 국채는 가장 안전한 AAA등급 채권이며, 준정부채권은 정부가 보증하는 채권이다. 이 채권들은 신용등급이 AAA와 AA에 해당된다. 우량회사채는 기업의 신용도가 투자적격(AAA~BBB)인 채권을 지칭한다. 그다음 이머징마켓 채권은 발행국가의 신용도에 따라 투자적격부터 투자부적격까지 광범위하게 신용등급이 있다. 반면에 하이일드채권은 투자부적격등급의 회사채를 지칭한다.

채권에 투자하고자 한다면 채권종류와 신용등급의 관계를 반드시 기억하고 있어야 한다. 그러면 개별채권의 특징을 파악하는 데 매우 용이하다. 즉 채권의 신용등급을 알면 예상수익과 예상변동성을 알 수 있을 뿐만 아니라, 각 채권의 적절한 투자타이밍도 알 수 있다.

도표 3-7 채권종류와 신용등급

투자적격 여부	신용등급	해외채권				
		국채	준정부채권	우량회사채	이머징채권	하이일드채권
투자적격채권	AAA					
↑	AA					
	A					
	BBB					
↕	BB					
	B					
	CCC					
	CC					
	C					
투자부적격채권	D					

●●●●

4. 기업 신용도에 따라 가산금리가 결정된다

채권발행금리는 다음과 같은 절차로 결정된다. 발행하고자 하는 만기의 국채금리를 기준으로, 발행회사나 국가의 신용등급에 따른 가산금리를 더한 금리가 채권금리이다. 즉 일반적인 채권금리는 국채금리와 가산금리로 구성되어 있다.

(개별기업)채권금리 = 국채 시장금리 + 가산금리

〈도표 3-8〉은 각 채권별로 지표금리가 어떻게 구성되어 있는지 예시를 보여준다. 만약 국채금리가 2%일 경우, 준정부채권은 위험이 거의 없기 때문에 최소 수준으로 가산금리(0.5%)가 붙어 준정부채 금리(2.5%)가 결정된다. 반면 하이일드채권 금리는 국채금리 2%에 가산금리 7%가 더해져 9%의 채권금리가 결정된다. 즉 모든 채권금리는 국채금리에 채권의 신용

채권별 금리구성표 예시

(단위 : %)

종류	금리		
	① 기준금리(=국채금리)	② 가산금리(spread)	①+② 채권금리
국채	2	0	2.0
준정부채	2	0.5	2.5
우량회사채	2	2	4
이머징채권	2	3	5
하이일드	2	7	9

등급에 비례한 가산금리가 더해지는 형태로 결정되는 것이다. 그래서 채권 신용등급이 낮을수록 가산금리가 커져 전체 채권금리도 커진다. 그럼 가산금리는 무엇일까? 가산금리에 대해 좀 더 자세히 알아보자.

우선 가산금리는 채권금리와 기준금리인 국채금리의 차이다. 이를 스프레드^{Spread}라고 한다.

가산금리 = (개별)채권금리 – 국채 시장금리

가산금리는 기준금리인 국채금리에서 각 발행하고자 하는 기업(국가)의 신용도를 반영한 금리로서 위험프리미엄의 성격을 가진다. 따라서 신용등급이 낮을수록 부도확률이 상승하고, 이에 대한 위험보상 성격으로 위험프리미엄을 제공하여야 투자자들이 해당 신용도의 기업채권을 매입하게

도표 3-9　미국 하이일드채권 가산금리

미국 하이일드채권 가산금리

• 자료 : Bloomberg, 회색 부분은 경기침체 구간

된다. 신용등급과 가산금리 관계는 다음과 같이 정리할 수 있다.

등급이 낮은 채권 → 부도확률이 높은 채권

→ 투자자가 높은 수익률 요구 → 가산금리가 높아짐

　일반적으로 채권시장 참여자들은 가산금리를 시장위험^{Market risk}으로 받아들인다. 즉 시장이 위험해지면 가산금리가 높아지고, 시장이 안정화되면 가산금리 낮아지는 것이다. 〈도표 3-9〉를 보자. 회색으로 표시된 부분은 미국의 경기침체 구간으로, 가산금리가 모두 급등한 것을 알 수 있다. 지난 30년 동안 걸프전, 닷컴버블 붕괴, 9·11사태, 서브프라임 사태, 유로존 위기 그리고 최근에 발생한 코로나 팬데믹 등 다양한 글로벌 경제위기가 발생할 때마다 하이일드 가산금리는 폭등했다. 즉 가산금리는 시장의

미국 10년물 채권과 하이일드채권 가산금리 차이

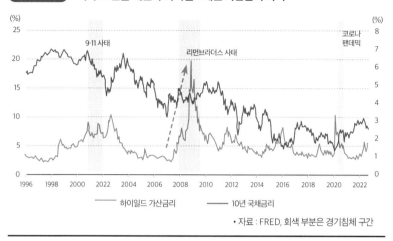

· 자료 : FRED, 회색 부분은 경기침체 구간

위험프리미엄으로 시장위험 지표 역할을 하고 있다.

도표를 보면 경기가 상승할수록 가산금리는 낮아지고, 경기가 악화될수록 가산금리는 상승하는 것을 확인할 수 있다. 반대로 경기상황이 악화되면 국채수요가 커져 국채가격이 상승해 국채금리가 하락하고, 경기가 개선되면 안전자산인 국채수요가 감소하고 국채가격이 하락해 국채금리가 상승하게 된다. 즉 동일한 경제상황에서 가산금리와 국채금리는 반대방향으로 작용한다고 볼 수 있다. 미국 국채금리와 하이일드 가산금리가 어떤 관계인지는 〈도표 3-10〉을 보면 알 수 있다.

도표는 과거 20년간 미국 국채금리와 하이일드 가산금리 추세를 보여준다. 기간 중 3번의 경기침체 구간(2001년 9·11 사태와 2008년 리먼브라더스 사태, 2020년 코로나 팬데믹)을 보면 당시에 시장 위험프리미엄인 하이일드 가산금

도표 3-11 경기상황별 국채금리와 가산금리의 방향

경기상황	국채금리	가산금리
나쁨	−	+
좋음	+	−

도표 3-12 채권금리별 국채금리와 가산금리 비중 예시

(단위 : %)

구분	국채금리	가산금리	전체
국채금리	100	−	100
준정부채	90	10	100
투자적격 회사채(IG)	70	30	100
투자부적격 회사채(HY)	30	70	100

리는 폭등했다. 반면에 국채금리는 큰 폭으로 하락했다. 경기상황에 따른 국채금리와 가산금리 방향을 정의하면 〈도표 3-11〉과 같다.

- 경기가 좋아지면 위험프리미엄 지표인 가산금리는 축소되는 반면, 국채수요는 감소하게 되므로 국채금리는 상승하게 된다.
- 경기가 나빠지면 위험프리미엄 지표인 가산금리는 확대되는 반면, 안전자산 선호현상으로 국채수요가 증가하고 이에 국채금리는 하락하게 된다.

〈도표 3-12〉는 주요 채권별로 전체 채권금리에서 국채금리 비중과 가산금리 비중을 대략적으로 표시한 것이다.

신용등급이 높을수록 채권금리에서 국채금리가 차지하는 비중이 커진다면, 신용등급이 낮을수록 채권금리에서 가산금리의 비중이 높아지게 된다. 신용등급이 높은 국채나 준정부채권은 전체 채권금리에서 국채 시장금리 비중이 가산금리 비중보다 압도적으로 높기 때문에, 가산금리 움직임보다는 국채금리 움직임에 더 영향을 받게 된다. 그래서 경기가 회복될 때는 비록 가산금리는 줄어들지만 비중이 큰 국채금리가 상승하기 때문에 전체 채권금리는 상승하게 되어 채권가격이 하락할 가능성이 높다. 반면에 경기하락기에는 전체 채권금리에서 비중이 큰 국채금리가 하락하기 때문에 전체 채권금리도 하락하게 되어 채권가격은 상승하게 된다.

신용등급이 낮은 투자부적격 채권인 하이일드채권은 전체 채권금리 중 가산금리 비중이 국채금리보다 압도적으로 높기 때문에, 하이일드채권금리는 가산금리 방향에 영향을 받는다. 그래서 경기상승기에 국채금리는 상승하지만 전체금리에서 차지하는 비중이 큰 가산금리가 줄어들기 때문에, 경기상승 국면임에도 하이일드채권금리는 하락하게 되어 채권가격이 상승하게 된다. 반면에 경기하락기에는 국채금리는 하락하지만 하이일드채권금리에서 비중이 큰 가산금리가 큰 폭으로 확대되기 때문에, 하이일드채권금리는 상승하게 되어 하이일드채권가격이 하락하게 된다.

경기상승 국면에 채권은 다음과 같이 작동한다고 정리할 수 있다.

- **신용등급이 낮은 채권금리** : 가산금리 비중 大, 국채금리 비중 小 → 채권금리는 가산금리에 더 큰 영향을 받음 → 하이일드채권 금리는 가산금리와 같은 방향 → 채권가격 상승

- **신용등급이 높은 채권금리** : 국채금리 비중 大, 가산금리 비중 小 → 채권금리는 국채금리에 더 큰 영향을 받음 → 우량채권 금리 는 국채금리와 같은 방향 → 채권가격 하락

••••

5. 신용등급이 낮을수록
예상수익과 변동성이 커진다

동일한 듀레이션(만기)이라면 신용등급이 낮을수록 예상수익률과 변동성이 커진다. 〈도표 3-13〉은 신용등급별 예상수익과 변동성을 보여주는 자료인데, 신용등급이 낮을수록 수익과 변동성이 동시에 커지는 것을 확인할 수 있다. 신용등급이 낮을수록 투자위험이 커지기 때문에 이를 보상하기 위해 발행금리가 높게 발행되며, 신용등급이 높을수록 투자위험이 줄어들기 때문에 발행금리가 낮게 된다. 그래서 등급이 낮을수록 이자수익과 부도가능성이 커지기 때문에 가격변동성 리스크도 동시에 커지게 된다. 또한 신용등급이 낮을수록 가산금리가 커지게 되므로 경기변동에 따른 영향도 많이 받게 되어 변동성도 커지게 된다.

신용등급이 높은 채권일수록 국채와 비슷한 움직임을 보인다. 반대로 신용등급이 낮은 채권일수록 주식과 비슷하게 움직인다. 일반적으로 채권은 경기하락기에 투자적격인 상품이며, 주식은 경기상승기에 적합한 상품으로 알려져 있다. 하지만 채권 중 신용등급이 낮은 채권(펀드)은 주식과

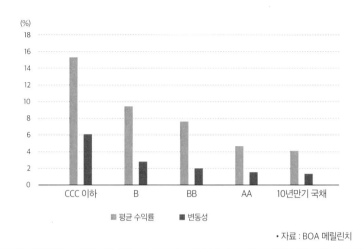

(%)

- 평균 수익률
- 변동성

• 자료 : BOA 메릴린치

비슷하게 경기상승기에 성과가 좋다. 신용등급이 낮은 채권(펀드)은 부도위험이 높지만 경기가 상승하면 부도가능성이 줄어들어 채권가격이 상승하기 때문이다. 다시 말하면 등급이 낮은 채권은 채권금리에서 가산금리 비중이 크기 때문에, 경기가 상승하면 가산금리가 축소되어 채권금리가 하락해 채권가격이 상승하게 된다.

일반적으로 경기하락기에 안전자산 수요가 증가하여 국채금리가 하락한다. 신용등급이 높은 채권은 전체 채권금리에서 국채금리 비중이 절대적으로 크기 때문에 채권금리가 하락하여 채권가격이 상승하게 된다. 신용등급이 낮은 채권은 국채나 우량채권과 다르게 부도위험이 증가한다. 그래서 가산금리가 크게 확대되어 하이일드채권금리가 상승해 채권가격이 하락하게 되므로 주식과 같은 방향으로 움직이게 된다.

●●●

6. 신용등급에 따라
투자방법이 달라진다

경기상승기는 신용등급이 낮은 이머징채권과 하이일드채권을 투자하고, 신용등급이 높은 채권은 회피하는 것이 바람직하다. 경기하락기에는 신용등급이 높은 채권에 적극적으로 투자하고, 신용등급이 낮은 채권은 채권가격 하락 위험에 노출되기 때문에 투자를 피하는 것이 바람직하다.

신용등급에 따른 채권투자 방법을 정리하면 다음과 같다.

- 채권투자에서 가장 먼저 체크해야 할 사항은 채권의 신용등급이며, 이는 투자수익과 위험을 판단할 수 있게 한다.
- 글로벌 신용등급과 국내 신용등급은 차이가 있으며, 글로벌 신용등급이 국내 신용등급보다 더 보수적으로 평가되고 있다.
- 신용등급이 낮은 채권일수록 기대수익과 변동성이 높아진다.

- 경기상승 국면에는 가산금리 비중이 높고 신용등급이 낮은 이머
  징채권이나 하이일드채권을 투자하는 것이 적합하다. 경기가 악
  화되면 국채금리 비중이 높은 국채 위주 우량채권에 투자하는 것
  이 투자수익을 극대화할 수 있다.

〈도표 3-15〉를 보자. 경기가 급락한 2008년과 경기저점을 통과해 회복
을 시작한 2009년의 주요 채권 성과이다. 이를 보면 주요 채권의 속성 및
투자타이밍을 직관적으로 알 수 있을 것이다.

리먼브라더스 사태가 경기침체로 연결된 2008년에는 신용등급이 높은
국채나 준정부채권이 매우 우수한 성과를 보였고, 신용등급이 낮은 하이

도표 3-14 신용등급별 채권투자 타이밍

	경기상승기	경기하락기
추천채권	이머징채권, 하이일드채권	국채, 고등급(우량) 채권
회피채권	국채, 고등급(우량) 채권	이머징채권, 하이일드채권

도표 3-15 경기침체기와 경기회복기의 채권투자 수익률

	경기상황	미연준 금리변동폭	미 10년국채	정부기관 채권	회사채	하이일드
2008	경기침체기	-2.75%	20.30%	9.26%	-3.07%	-26.17%
2009	경기회복기	0.00%	-9.92%	1.53%	16.04%	54.22%

• 자료 : 모닝스타, 회사채-Bloomberg Barclays U.S. Credit Index, 하이일드-Credit Suisse High Yield Index,
미10년 국채-Citigroup 10-year Treasury Benchmark

채권별 속성

구분	국채금리 비중	가산금리 비중	금리수준	채권속성	주식속성
국채	크고	작고	낮고	강하고	약하고
준정부채					
우량회사채					
EM채권					
HY채권	작고	크고	높고	약하고	강하고

일드채권은 매우 저조한 성과를 보였다. 경기저점을 지나 경기회복세가 시작된 2009년에는 정반대였다. 신용등급이 높은 국채는 마이너스 수익을 기록하면서 매우 저조한 반면, 신용등급이 낮은 하이일드채권의 수익률은 매우 높은 성과를 보였다.

이렇듯 경기국면별로 주요 채권의 성과는 매우 다르게 나타난다. 그래서 경기국면별 채권선택이 중요한 것이다. 주요 채권별 속성을 정리하면 〈도표 3-16〉과 같다.

- 신용등급이 높을수록 채권금리에서 국채금리 비중이 커지게 되어 일반적인 채권의 속성(경기가 악화되면 수익률이 좋아지고, 경기가 좋아지면 수익률이 부진)에 가까워진다.

- 신용등급이 낮을수록 채권금리에서 가산금리 비중이 높아지므로 일반적인 주식의 속성(경기가 악화되면 수익률이 나빠지고, 경기가 회복되면 수익률이 좋아짐)에 가까워진다.

Chapter 4

●●●

단기채권과 장기채권,
어디에 투자해야 할까?

●●●

많은 사람이 채권투자를 할 때 가장 많이 고민하는 문제가 있다. 바로 투자하는 채권의 만기를 어떻게 할 것인가이다. 실제로 채권만기는 채권투자의 중요한 고려대상이다. 채권투자수익은 채권만기와 밀접한 관계가 있기 때문이다. 그렇다면 채권투자자 입장에서 투자수익을 제고하기 위해서는 단기채권과 장기채권 중 어느 것이 더 좋은 선택일까?

1. 채권만기 전략,
경기상황별로 다르다

앞에서 채권투자의 기초에서 가장 중요한 채권의 신용등급을 다뤘다. 이제부터는 투자기간, 즉 장기채권이냐 단기채권이냐의 문제를 생각해봐야 한다. 일반적으로는 경기침체기에는 장기채권 투자가 유망하며, 경기상승기에는 단기채권 투자가 유망하다. 이에 대해 정리하면 다음과 같다.

- **경기상승기** : 경기과열 방지를 위해 중앙은행이 기준금리를 인상하며, 이에 채권 시장금리가 상승하게 된다. 이러한 금리상승으로 채권가격이 하락하게 되는데, 이때 만기가 짧은 채권에 투자하여 채권가격 하락위험을 최소화해야 한다.

경기상황별 채권투자방법

	경기상승기	경기하락기
중앙은행	기준금리 인상	기준금리 인하
시장금리	금리상승	금리하락
채권가격	금리상승으로 채권가격 하락	금리하락으로 채권가격 상승
추천채권	단기채권	장기채권
기대효과	자본손실 최소화 & 이자수익 기대	자본이득 극대화 & 이자수익 기대
투자전략	보수적 전략	적극적 전략

• 국채 위주의 우량채권 대상

• **경기하락기** : 경기부양을 위해 중앙은행이 기준금리를 인하하며, 채권 시장금리가 하락하게 되어 채권가격이 상승하게 된다. 이때 금리인하로 인한 채권가격 상승을 최대화하기 위해 장기채권에 투자해야 한다.

채권투자 의사결정에서 중요한 것이 만기가 짧은 단기채권에 투자하느냐, 아니면 만기가 긴 장기채권에 투자하느냐이다. 단기채권과 장기채권의 선택 이슈는 중요한 투자 의사결정이다. 왜냐하면 채권투자수익의 극대화와 위험관리 측면에서 서로 밀접한 관계가 있기 때문이다. 채권만기를 선택하는 것은 경기상황, 즉 채권금리 전망에 따라 달라진다. 채권만기에 따라 동일한 금리변동에 받는 채권가격 영향이 다르기 때문이다.

● ● ● ●

2. 듀레이션은 채권시장의 베타다

　채권만기가 길수록 시장금리(이자율) 영향을 많이 받는다. 반대로 채권만기가 짧을수록 시장금리 영향을 적게 받는다. 그래서 금리변동에 따른 채권가격 영향을 알아보기 위해서는 듀레이션^{Duration} 개념을 이해해야 한다. 듀레이션은 채권과 채권시장을 이해하는 데 필수적이다. 사실 듀레이션에 대한 정의는 매우 다양하고, 계산방식도 일반인이 이해하기에는 어려운 점이 있다. 그래도 투자자 입장에서 꼭 알아야 하는 부분 위주로 설명하고자 한다.

　채권만기가 길수록 듀레이션은 길어지고, 채권만기가 짧을수록 듀레이션은 짧아진다. 즉 채권만기와 듀레이션은 비례관계이다. 듀레이션이란 채권에서 발생하는 현금흐름의 가중평균만기로서, 투자자금의 평균 회수기간을 의미하며 연수^{Years}로 표시된다. 또한 일반투자자는 듀레이션을 이자율 변화에 대한 채권가격의 민감도를 보여주는 개념으로 파악하면 된다. 듀레이션이 길다는 것은 동일한 이자율 변화에 채권가격 민감도가 크다는 것이며, 듀레이션이 짧다는 것은 동일한 이자율 변화에 채권가격 민감도가 작다는 의미다.

채권펀드 듀레이션 1년의 의미는 금리가 1% 상승하면 동 채권가격은 1% 하락한다는 것이다. 반대로 금리가 1% 하락하면 동 채권가격은 1% 상승한다는 의미이다. 만약 투자하려는 채권펀드의 듀레이션이 5년이면, 금리가 1% 상승 시 동 채권펀드의 가격은 5% 하락한다. 동시에 금리 1% 하락시, 동 채권펀드의 가격은 5% 상승한다. 이를 요약하면 다음과 같다.

채권 듀레이션이 1년이라는 의미는 해당 채권의 시장금리가 1%(100bp) 변동 시, 채권(펀드)가격이 반대로 1% 변동한다는 뜻이다.

듀레이션을 사용하여 실제 금리변동에 따른 채권가격 (예상)변동폭을 계산할 수 있다.

채권가격 (예상)변동폭 = -(듀레이션)×금리변동폭

채권의 예상 가격변동치는 해당 채권의 듀레이션에서 예상 금리변동폭을 곱하면 알 수 있다. 채권가격과 금리(이자율)는 반비례 관계이기 때문에, 듀레이션에 반드시 마이너스(-)를 붙여서 계산해야 한다. 계산방법을 정리하면 다음과 같다.

[시장금리 변동에 따른 채권펀드 가격변동폭 계산방법]

Q. 현재 투자하고 있는 국채펀드 듀레이션이 3년일 때, 중앙은행
   이 경기과열을 우려해 기준금리 인상을 단행해 그 여파로 국채
   시장금리가 0.5%(50bp) 상승했다. 이 경우 투자한 채권펀드의
   가격은 어떤 영향을 받는가?

A. 가격이 -1.5% 하락한다(연수익 ×, 절대수익 ○).

   가격변동폭 = -듀레이션×금리변동폭 = -(3년)×(0.5% 상승)=-1.5%

펀드 듀레이션(3년)에 국채 시장금리변동폭(+0.5%)을 곱하면 펀드가격은
-1.5% 하락하게 된다. 이렇게 채권펀드 듀레이션을 알면, 시장금리 변화에
대한 투자 채권펀드의 가격변화를 쉽게 예상할 수 있다. 〈도표 4-2〉를 보
면 이자율(금리) 변화와 듀레이션의 관계를 다음과 같이 정리할 수 있다.

- 이자율 변화가 클수록 채권가격 변화도 커진다.
- 듀레이션이 클수록 채권가격 변화도 커진다.

실제 채권이나 채권펀드에 투자할 경우, 듀레이션은 채권시장의 베타
Beta로 해석할 수 있다. 주식시장의 베타는 특정 주식이 전체 시장에 대해
얼마나 영향을 받는지 보여주는 가격민감도 지표이다. 채권시장에서는 듀
레이션이 그러한 베타 역할을 한다고 볼 수 있다. 이는 듀레이션이 채권시

이자율 변동과 듀레이션에 따른 채권가격 예상변화표

(단위 : %)

		이자율 변화								
		-3.0	-2.0	-1.0	-0.5	0.0	0.5	1.0	2.0	3.0
듀레이션 (yr)	0.5	1.5	1.0	0.5	0.3	0.0	-0.3	-0.5	-1.0	-1.5
	1	3.0	2.0	1.0	0.5	0.0	-0.5	-1.0	-2.0	-3.0
	2	6.0	4.0	2.0	1.0	0.0	-1.0	-2.0	-4.0	-6.0
	3	9.0	6.0	3.0	1.5	0.0	-1.5	-3.0	-6.0	-9.0
	4	12.0	8.0	4.0	2.0	0.0	-2.0	-4.0	-8.0	-12.0
	5	15.0	10.0	5.0	2.5	0.0	-2.5	-5.0	-10.0	-15.0

• 컨벡시티(convexity, 듀레이션을 미분한 값)를 감안하지 않은 대략적인 채권가격 예상변화표

도표 4-3 **자산별 민감도 지표**

종류	민감도 지표	대상지표	의미
주식	베타(Beta)	주가지수	주식시장 변동에 대한 개별주식, 또는 주식펀드 가격민감도
채권	듀레이션(Duration)	금리	시장금리 변동에 대한 개별채권, 또는 채권펀드 가격민감도

장 가격지표인 시장금리 변화에 따른 채권가격 민감도를 보여주는 수단이기 때문이다.

예를 들어보자. 특정 주식펀드의 베타가 1.5라면 주식시장 변동폭 대비 개별펀드 수익 민감도가 1.5배라는 것이다. 주식시장이 10% 상승하면 해당 펀드는 15% 상승하게 되고, 주식시장이 10% 하락하면 펀드는 15% 하락한다는 의미이다. 주식의 불확실성이 커지는 경우에는 베타가 낮은 펀

드를 선택해 주가지수 대비 하락변동성을 줄여야 하며, 주식시장 상승가
능성이 커지는 경우 베타가 높은 펀드를 선택해 주가상승 시 주가지수보
다 높은 수익을 얻는 전략을 취해야 한다. 즉 강세장에는 고베타 주식펀
드, 약세장은 저베타 주식펀드가 일반적인 원칙이다.

　채권시장도 비슷하다. 주식시장의 베타와 마찬가지로 채권가격 약세가
예상되는 경우 채권시장의 베타인 듀레이션을 짧게 하여 민감도를 최소화
하고, 채권가격이 강세가 예상되는 경우 채권시장의 베타를 최대한 키우
기 위해 듀레이션을 길게 취하면 된다.

　듀레이션은 채권가격의 변동성 위험을 측정하는 수단으로 활용된다. 주
식시장의 베타와 채권시장의 듀레이션은 전체 시장변동에 대해 개별종목
혹은 펀드의 민감도를 보여주는 측면에서는 공통점이 있다. 그러나 주식
시장의 베타는 시장과 동일한 방향으로 움직이지만, 채권시장의 듀레이션
은 시장금리와 반대로 가격이 움직인다는 측면에서 차이가 있다. 따라서
채권펀드를 선택할 때 가격민감도(변동성)를 알 수 있는 듀레이션을 반드시

확인해야 한다.

채권가격, 이자율, 듀레이션 관계를 정리하면 다음과 같다.

- 이자율 변동과 채권가격은 반비례한다.
- 듀레이션과 이자율 변동이 클수록 채권가격 변동폭은 커진다.
- 듀레이션이 짧을수록 이자율 변동에 따른 채권가격의 변동이 적다.
- 듀레이션이 길수록 이자율 변동에 따른 채권가격 변동이 크다.

●●●

3. 듀레이션을 활용한
채권투자방법

경기가 회복국면에 있으면 단기채권을 매수하고, 경기침체가 예상되면 장기채권을 매수하라. 경기가 정점을 지나가고 점진적으로 둔화 내지 하락할 것으로 보이면, 채권금리 하락을 예상할 수 있다. 그러므로 최대한 장기채권에 투자해 듀레이션 효과를 극대화하여 금리하락으로 인한 가격상승을 최대화할 수 있다. 이러한 상황에서 반대로 단기채권을 투자하여 듀레이션을 짧게 하면, 금리하락으로 인한 가격손실은 없으나 가격상승을 최대화해 수익을 극대화할 수 있는 기회를 놓치게 된다.

경기가 본격적인 회복세에 접어들면 중앙은행이 금리인상을 시작하기 때문에 시장금리는 상승하게 된다. 금리가 상승하게 되면 채권가격 하락이 예상되니 최대한 만기가 짧은 채권에 투자해야 한다. 그래야 듀레이션이 줄어 이자율위험(금리상승에 따른 가격하락위험)을 최소화하고 채권이자수익을 추구할 수 있다. 만약 경기가 회복되어 금리가 상승하는 국면에 장기채권에 투자하면 금리상승에 따른 상당한 가격손실을 보게 된다.

도표 4-5 **경기상황별 투자방법의 기대효과**

시장예상	투자방법	기대효과	투자 총수익
기준금리와 시장금리의 상승	단기채권	이자수익 보존 및 가격하락위험 최소화	작다
기준금리와 시장금리의 하락	장기채권	이자수익에 추가적인 가격상승을 최대화	크다

도표 4-6 **경기상황 VS 듀레이션**

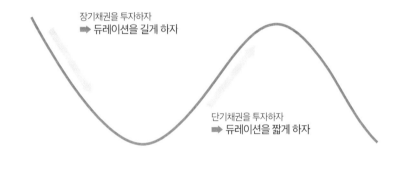

경기상승기 금리상승 압력이 강할수록 만기가 짧은 채권에 투자해야, 금리상승에 따른 가격하락위험을 회피하면서 이자수익을 보호할 수 있다. 또한 단기적으로 불확실성이 커서 시장을 지켜보고자 할Wait & See 때에는 단기 내지 초단기 채권펀드에 투자하여 예금 대신 활용할 수 있다.

2017년 9월 17일자 이데일리 기사(커진 불확실성에 방망이 짧게 잡는다…초단기채펀드에 '뭉칫돈')를 보면 앞에서 설명한 상황이 나온다. 이러한 유형의 기사에서는 다음과 같은 키워드에 주목해야 한다.

변동성 확대 / 초단기채펀드 / 듀레이션 / 짧게 운용

앞에서 설명한 경기상황별 듀레이션 전략을 정리하면 다음과 같다.

- **경기하락기** : 장기채권(펀드)을 선택해 금리하락으로 인한 가격상승을 극대화한다.
- **경기상승기** : 단기채권(펀드)에 투자하여 금리상승에 따른 자본손실을 최소화하면서 이자수익에 주력한다.

4. 장기채권은
날카로운 칼이다

　이번에는 단기채권과 장기채권이 금리변동에 얼마나 민감하게 움직이는지 과거의 실제 시장상황과 ETF펀드수익으로 확인해보자. 〈도표 4-7〉은 미국 국채금리가 소폭상승한 2013년과 소폭하락한 2014년의 상황을 나타내고 있다. 동 기간 동안 실제 ETF채권펀드의 수익률은 선 그래프 아래에 있는 도표와 같다.

　우선 2013년에 미국 10년 만기 국채시장금리는 0.95% 상승하였는데, 미국 단기국채(1~3년 채권 편입)ETF는 0.2% 수익을 보여 국채금리 상승에 따른 영향을 거의 받지 않았다. 반면에 20년 이상 장기국채에 투자하는 미국 장기국채ETF는 자본손실을 크게 입어 -12.7%를 기록했다.

　2014년에는 국채시장금리가 2013년과 반대로 -0.8% 하락하였는데, 미국 단기국채ETF는 0.5% 수익을 기록해 전년 대비 큰 폭의 수익률 변화가 없었다. 반면에 미국 장기국채ETF는 시장금리가 상대적으로 적은 폭으로 하락했으나 펀드수익은 무려 25%를 기록했다. 2014년 미국 중기국채ETF

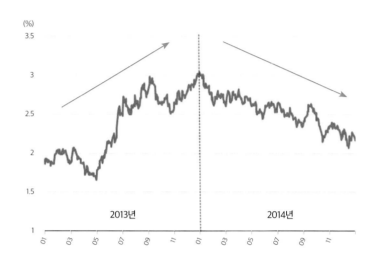

펀드수익	미국 10년 국채금리 변동폭	미국 단기국채 (1~3년) ETF(SHY)	미국 중기국채 (7~10년) ETF(IEF)	미국 장기국채 20년이상 ETF(TLT)
2013년	+1.27%	0.2%	-5.6%	-12.2%
2014년	-0.86%	0.4%	8.6%	26.9%

• 2023년 3월 말 기준 미국 단기국채 ETF 듀레이션 1.8년, 미국 중기국채ETF 듀레이션 7.8년,
미국 장기국채ETF 듀레이션 18.5년

수익의 대다수가 금리하락으로 인한 가격상승으로 볼 수 있다. 이를 분석하면 대략적으로 자본손익 6.7%[듀레이션(7.8년)×금리변동폭(-0.86%)]와 10년 국채 이자수익 2%를 더한 총수익이 8.7%라고 볼 수 있다.

〈도표 4-8〉을 보자. 매우 흥미로운 점은 장기국채ETF는 거의 주식수익에 맞먹을 정도로 변동성과 수익이 높다는 것이다. 국채펀드임에도 이

펀드 총수익 27%

자본이득(23%)

펀드 총수익 2.5%

펀드 총수익 0.5%

이자수익(4%)

미국 단기국채ETF   미국 중기국채ETF   미국 장기국채ETF

렇게 변동성과 수익이 높은 이유는 듀레이션(18.5년)이 초장기로 길기 때문이다(위와 같은 방식으로 계산해보면 22.6%[듀레이션(18.5년)×2014년 30년 국채금리 변동폭(-1.22%)]와 30년 장기채권 이자수익 4%를 더한 총수익이 26.6%라고 볼 수 있다. 그래서 작은 금리변동에도 매우 민감하게 움직이는 것이다.

이것은 국내채권도 마찬가지 상황이다. 몇 년 전에 국내 장기국채를 투자해 매우 곤란해하는 고객을 만난 적이 있다. 해당 고객은 국내 유명 증권사를 통해 30년 만기 국채를 매입하였다가 1년 정도 지나서 자금이 필요해 매각했다고 한다. 그런데 매각하면서 -10% 정도의 손해를 보았다고 한다. 국채에 투자하기 때문에 안전하고 장기적으로 예금 이상 수익이 가능하다고 거래 증권사 담당PB가 권유해 투자했으나, 결과적으로는 1년 후 -10%의 손실을 입고 만 것이다. 왜 이런 손실이 발생했는지 전혀 이해할 수 없다는 것이 해당 고객의 불만의 요지였다. 이러한 상황과 비슷한 사례는 신문기사에서도 찾아볼 수 있다.

2013년 6월 연합뉴스 기사("증권사 믿고 샀더니…국고채 30년물 투자피해")를 보면 채권가격 변동에서 듀레이션 개념의 중요성을 깨닫게 하는 좋은 사례이다. 국고채 30년물에 투자했다가 금리가 급등하면서 원금손실이 우려된다는 내용의 기사이다. 1년 동안 금리가 0.55% 상승하였는데 30년 만기 채권 가격이 11% 하락한 것은 듀레이션이 20년 정도이기 때문이다. 단기 채권을 투자하는 경우에는 금리전망이 크게 중요하지 않으나, 만기가 길수록 금리전망의 중요성은 증대된다. 만기가 초장기(20년 이상)인 채권은 매우 사소한 시장금리변동도 채권가격에 큰 영향을 받는다.

장기채권, 즉 듀레이션이 긴 채권은 날카로운 칼과 같다. 시장을 잘 파악해 사용하면 큰 폭의 자본이득(금리하락에 따른 가격차익)을 얻을 수 있지만, 시장을 잘못 판단하여 사용하면 큰 폭의 자본손실(금리상승에 따른 가격손실)을 볼 수도 있다.

5. 신용등급과 듀레이션으로
수익과 변동성을 알 수 있다

앞에서 신용등급과 듀레이션을 기준으로 채권투자기법을 알아보았다. 이번에는 '신용등급'과 '듀레이션'을 한꺼번에 고려하여 채권을 선택하고자 한다.

글로벌 채권시장에서 채권을 구분할 때 가장 많이 활용되는 펀드 구분법은 모닝스타의 스타일박스$^{Style Box}$이다. 〈도표 4-9〉는 주식펀드 스타일 박스다. 주식펀드 스타일박스는 주식 스타일^{Style}과 기업규모 매트릭스로 구성된다. 특정 펀드가 〈도표 4-9〉처럼 스타일박스 내에 표시되어 있다고 하자. 해당 주식펀드는 소형성장주에 주로 투자하는 펀드로서, 변동성이 크고 수익률도 높을 것으로 예상할 수 있다.

채권펀드에서도 주식펀드 구분법과 비슷하게 채권펀드를 구분하는 스타일 박스가 있다. 채권펀드 스타일박스는 듀레이션과 신용등급을 이용하여 구분한다(〈도표 4-10〉). 채권펀드 스타일박스도 마찬가지다. 스타일박스 내 위치에 따라 특징을 유추할 수 있다(〈도표 4-11〉). 신용등급이 높을

도표 4-9 주식펀드 구분법

구분		스타일		
		가치	혼합	성장
기업규모	대형			
	중형			
	소형			

도표 4-10 채권펀드 구분법

구분		듀레이션		
		단기	중기	장기
신용등급	고등급			
	중간등급			
	저등급			

도표 4-11 채권 스타일박스 해석방법

구분		듀레이션		
		단기	중기	장기
신용등급	고등급	변동성 & 수익성 낮음		
	중간등급			
	저등급			변동성 & 수익성 높음

수록 수익과 변동성이 낮게 나타나고, 듀레이션이 길수록 수익과 변동성이 높게 된다. 2가지 기준을 동시에 보면 신용등급이 낮으면서 듀레이션이 길수록 수익과 변동성이 커진다. 반대로 신용등급이 높고 듀레이션이 짧으면 수익과 변동성이 낮아진다. 이것을 정리하면 다음과 같다.

- 채권펀드를 선택할 때는 반드시 채권 신용등급과 듀레이션을 같이 고려해야 한다.
- 신용등급과 듀레이션을 알면 투자채권의 예상수익과 위험을 알 수 있다.
- 신용등급이 낮고 듀레이션이 길수록 예상수익과 가격변동성은 커진다.
- 시장상황별로 적합한 채권 신용등급과 듀레이션은 달라진다.
  ① **경기하락 국면** : 신용등급이 높고 듀레이션이 긴 장기채권(펀드)이 적합한 투자
  ② **경기상승 국면** : 신용등급이 낮고 듀레이션이 긴 장기채권(펀드)이 적합한 투자 ⇒ 하이일드채권
  ③ **경기상승 국면, 단기자금 목적** : 신용등급이 높고 초단기채권이 적합한 투자 ⇒ 국채

Chapter 5

• • • •

채권투자, 이것만 조심하면 수익이 난다

• • • •

예금과 달리 모든 투자상품에는 가격하락 요인이 있기 마련이다. 왜 가격이 하락하는지 그 이유를 정확히 알 수 있다면, 투자의 성공으로 이어질 가능성이 높아진다. 이번 5장에서는 채권가격이 어떤 요인에 의해 하락하는지, 경기상승기와 경기하락기의 하락요인은 각각 무엇인지, 또한 환율변동으로 인한 하락요인은 무엇인지 알아보겠다. 이는 결국 채권투자수익으로 연결된다.

1. 채권투자 시
조심해야 할 사항들

채권투자시 손해를 보는 경우는 크게 다음과 같이 정리할 수 있다.

- 경기상승으로 시장금리가 상승해 채권가격이 하락하는 경우
- 경기하락으로 발행기업의 위험이 증가해 가격이 하락하는 경우
- 해외채권 투자 시 투자국 통화가 하락하는 경우

경기가 상승하면 인플레이션이 증가해 시장금리가 상승하게 되어 채권가격이 하락한다. 반대로 경기가 악화되면 채권발행 기업의 부도위험이 커져 채권 가격이 하락하게 된다. 이머징 현지통화표시채권을 투자하는 경우, 원화 대비 투자국 통화가 약세가 되면 채권투자 손실을 입게 된다.

동일한 경기상황에서 채권섹터별 가격하락위험은 〈도표 5-1〉과 같이 달라진다. 경기상승기에는 신용등급이 높은 국채와 우량회사채가 가격하

도표 5-1	경기상황별 가격하락위험		
구분	경기상승기	경기하락기
국채	가격하락	가격상승
우량회사채	가격하락	가격상승
하이일드채권	가격상승	가격하락
이머징채권	가격상승	가격하락

락위험에 노출되는 반면, 신용등급이 낮은 하이일드채권과 이머징채권은 경기상승 수혜를 본다. 반대로 경기하락기에는 하이일드채권과 이머징채권이 가격하락위험에 노출되지만, 신용등급이 높은 채권은 금리하락에 따라 가격이 상승한다.

다른 투자상품과 같이 채권도 마찬가지로 가격하락위험이 있지만, 주식에 비하면 매우 안정적인 투자상품이다. 〈도표 5-2〉는 지난 10년간 자산별 변동성을 보여준다. 국내채권, 글로벌채권, 글로벌주식, 국내주식순으로 변동성이 높아진다. 도표에서 보듯 예상수익에 대한 변동성은 채권이 주식의 약 1/4 수준으로 매우 안정적인 자산임을 확인할 수 있다.

왜 채권이 주식보다 변동성이 작을까? 가장 큰 이유는 주식은 가격이 상승해야만 투자수익을 얻을 수 있는 반면, 채권은 가격변동이 없더라도 일정한 시간이 경과하면 발생하는 시간가치인 이자수익이 있기 때문이다. 만약 일정한 투자기간 동안 가격변화가 없으면 주식투자수익은 제로Zero이지만, 채권은 이자수익만큼 투자수익이 발생한다. 이것이 주식과 채권의 큰 차이점이다.

주요 자산별 변동성(10년)

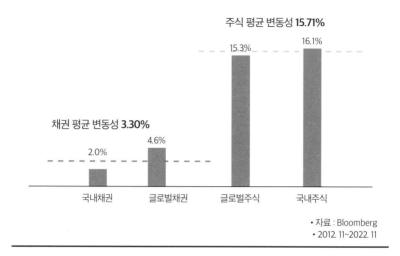

주식 평균 변동성 **15.71%**

16.1%

15.3%

채권 평균 변동성 **3.30%**

4.6%

2.0%

국내채권 글로벌채권 글로벌주식 국내주식

• 자료 : Bloomberg
• 2012. 11~2022. 11

도표 5-3 **투자자산별 수익구조**

〈도표 5-3〉은 자산별 수익구조를 나타낸 것이다. 먼저 주식투자 수익 구조는 시장상황과 관계없는 배당수익이 있지만, 이는 매우 미미한 수준이다. 따라서 주식투자수익은 실질적으로 가격상승에 전적으로 의존한다고 볼 수 있다. 하지만 채권투자는 시간가치인 이자수익과 가격변동으로

발생하는 자본손익으로 구성되어 있기 때문에, 상대적으로 주식보다 수익 구조가 매우 안정적이다.

그러나 ① 해외채권, ② 듀레이션(만기)이 긴 채권, ③ 신용등급이 낮은 채권의 경우 시장변화에 따른 채권가격 변동이 크다. 이러한 채권들은 채권투자수익에서 자본손익이 차지하는 비중이 매우 크다. 따라서 이러한 채권에 투자할 때는 시장상황에 따른 가격손실위험을 잘 판단해야 한다.

자본손실위험, 즉 가격하락위험이 언제, 어떻게 발생하는지 알면 좀 더 안정적으로 채권투자를 할 수 있다. 채권과 관련된 위험은 다양하게 많다. 하지만 일반투자자가 꼭 알아야 할 채권위험은 3가지로 정리할 수 있다.

① **이자율위험**Interest rate risk : 시장금리가 상승해 채권가격 하락

② **신용위험**Credit risk : 개별기업 이슈가 발생해 채권가격 하락

   ⓐ 부도위험Default risk

   ⓑ 신용등급 하락위험Downgrade risk

   ⓒ 유동성위험Liquidity risk

   ⓓ 가산금리 확대위험Credit Spread risk

③ **통화위험**Currency risk : 해외투자 시 투자국 통화가 하락해 환차손실 발생

●●●

2. 경기상승 시 가격하락위험
이자율위험

이자율위험은 채권투자 시 가장 중요하고 일반적인 위험으로, 모든 채권에 해당되는 위험이라고 볼 수 있다. 시장금리가 상승하면 투자채권가격이 하락하는 것을 이자율위험Interest rate risk 이라고 하는데, 주로 경기상승기에 발생하는 위험이라서 경기상승에 따른 위험이라고도 표현한다. 이때 시장금리에 영향을 주는 변수 중 하나가 중앙은행에서 결정하는 기준금리이다.

일반적으로 중앙은행은 경기가 일정하게 회복하면, 그동안 경기부양을 위해 시행했던 양적완화 정책(금리인하, 통화량 공급 등)에서 긴축정책(금리인상 등)으로 전환한다. 경기상승에 따른 부작용으로 과도한 인플레이션(물가상승)이 발생해 경제에 거품이 발생하는 것을 대비하는 것이다. 중앙은행은 경기가 급격하게 움직이는 경기변동보다, 속도는 느리지만 천천히 안정적인 성장을 하는 장기간 경기확장 국면을 만드는 것을 목표로 한다. 따라서 본격적인 경기확장 국면에 들어서면 경기부양 정책에서 경기긴축 정

책으로 바뀌게 된다.

　이때 경기긴축 정책 중 가장 대표적인 것이 중앙은행의 기준금리 인상이다. 기준금리를 인상하면 국채 시장금리도 상승하게 되어 투자자들이 채권을 매도하게 된다. 이 때문에 채권가격이 하락하게 되어 이자율위험이 발생하는 것이다. 이 과정을 간단하게 설명하면 〈도표 5-4〉와 같다.

　투자자들은 중앙은행이 기준금리를 인상한다는 것은 경기상황을 긍정적으로 판단한다는 반증으로 이해한다. 그래서 주식 등 경기상승 따른 수혜자산 수요는 증가하지만, 안전자산인 국채의 수요는 감소하게 되어 채권금리가 상승해 채권가격이 하락하게 된다.

　〈도표 5-5〉는 지난 25년간 연도별 미국 연준리 변동폭과 주요 채권자산의 수익을 분석한 자료이다. 대상채권은 미국국채, 정부기관채권, 우량회사채, 그리고 하이일드채권이다. 도표에서 표시된 부분은 미 연준리가 기준금리를 0.5%(50bp) 이상 인상한 연도의 주요 채권수익률이다.

25년간 기준금리와 주요 채권의 연간수익률

기간	미 연준 금리변동폭	미 10년국채	정부기관 채권	회사채	하이일드
1997	0.25%	11.31	9.70	10.23	12.76
1998	-0.75%	12.72	8.85	8.57	1.87
1999	0.75%	-7.89	-0.94	-1.96	2.39
2000	1.00%	14.38	12.18	9.08	-5.86
2001	-4.75%	4.29	8.31	10.31	5.28
2002	-0.50%	14.55	11.01	10.12	-1.41
2003	-0.25%	1.35	2.59	8.24	28.97
2004	1.25%	4.43	3.33	5.39	11.13
2005	2.00%	2.68	2.33	1.68	2.74
2006	1.00%	1.65	4.37	4.30	11.85
2007	-1.00%	9.90	7.90	4.56	1.87
2008	-2.75%	21.08	9.26	-4.94	-26.16
2009	0.00%	-9.63	1.53	18.68	58.21
2010	0.00%	8.40	4.36	9.00	15.12
2011	0.00%	16.94	4.82	8.15	4.98
2012	0.00%	4.04	2.16	9.82	15.81
2013	0.00%	-7.74	-1.38	-1.53	7.44
2014	0.00%	11.10	3.58	7.46	2.45
2015	0.25%	1.13	1.01	-0.68	-4.47
2016	0.25%	-0.06	1.39	6.11	17.13
2017	0.75%	2.26	2.06	6.42	7.50
2018	1.00%	0.08	1.34	-2.51	-2.08
2019	-0.75%	8.72	5.89	14.54	14.32
2020	-1.50%	10.69	5.48	9.89	7.11
2021	0.00%	-3.74	-1.31	-1.04	5.28

• 자료 : 블룸버그
• 회색으로 표시된 구간은 미국 연준리가 연간 0.5% 이상 금리를 인상한 구간

도표 5-6	기준금리 인상에 따른 연도별 국채 투자수익률	
구분	0.5% 이상	기타 연도
평균수익률	1.9%	6.2%

〈도표 5-6〉은 미 연준리가 기준금리를 연간 0.5% 이상 인상한 연도의 평균 국채수익률, 그리고 해당 연도를 제외한 연도의 미국국채 평균 연수익률을 보여주는 자료다. 기준금리 인상이 0.5% 이상인 연도의 평균수익률이 1.9%인 반면, 기타 연도의 미국국채 수익률은 6.2%이다. 이것으로 중앙은행의 기준금리 인상이 국채수익률에 상당한 영향을 미치는 것을 확인할 수 있다. 결국 금리예측은 투자에서 매우 중요하다. 하지만 금리는 경기변화에 연동되어 있기 때문에 개인투자자가 경기진단을 하기는 어렵다. 그래서 일반투자자 입장에서 경기방향을 판단할 수 있는 가장 좋은 방법이 중앙은행의 금리정책인 것이다.

중앙은행이 경기부양 정책(기준금리 인하)을 경기긴축 정책(기준금리 인상)으로 전환하면, 가능한 국채 중심의 채권투자는 피하는 것이 좋다. 이렇게 중앙은행 금리정책으로 채권투자 시점을 결정할 수 있는 것은 중앙은행의 금리기조가 자주 바뀌는 것이 아니기 때문이다. 인상 혹은 인하를 결정하게 되면 상당 기간(1~3년 정도) 지속되기 때문에, 시장금리의 바로미터로 활용해도 좋다. 〈도표 5-7〉과 〈도표 5-8〉을 보자. 미국국채와 한국국채 시장 모두 중앙은행이 기준금리를 인상하는 구간에서 금리상승 압력을 받았다. 중앙은행 기준금리는 국채시장 금리에 매우 중대한 영향을 주는 것을 확인할 수 있다.

도표 5-7 미국 기준금리와 10년국채 시장금리 추이

(%)

— 미국 기준금리   — 미국 10년국채 금리

• 자료 : Bloomberg, 회색 부분은 경기침체 구간

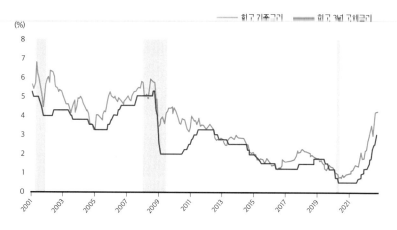

도표 5-8 국내 기준금리와 국고채3년 시장금리 추이

(%)

— 한국 기준금리   — 한국 3년 국채금리

• 자료 : Bloomberg, 회색 부분은 경기침체 구간

이번에는 개별 채권이나 채권펀드의 이자율위험을 어떻게 측정하는지 알아보자.

가장 일반적인 이자율위험 측정방법은 듀레이션^{Duration}을 활용하는 것이다. 듀레이션은 금리변동에 따른 채권가격 변동위험을 간략하게 측정하는 지표이다. 이자율(금리) 변동에 따른 채권가격의 민감도를 보여주는 지표이다. 특정 채권펀드의 듀레이션 1년이면, 금리 1%(100bp)변동시 해당 채권펀드의 가격도 금리와 반대 방향으로 움직인다. 연환산이 아닌 절대가격이 1% 움직인다는 뜻이다.

〈도표 5-9〉는 이자율 변동폭과 듀레이션을 동시에 고려했을 때, 채권가격 하락 폭과 상승 폭을 계산한 도표이다. 예를 들어 듀레이션이 7년인 국채펀드가 있다. 만약 국채금리가 3% 상승하게 되면 채권가격은 21% 하락하게 된다. 이를 계산하면 다음과 같다.

$$\text{예상 기격변동폭} = -\text{듀레이션(D)} \times \text{금리 변동분}(\triangle)$$
$$= -(7년) \times (3\% \text{ 상승}) = -21\%$$

〈도표 5-9〉에서 보는 바와 같이 듀레이션이 길수록, 채권의 금리변동폭이 클수록 채권가격 변동폭이 커지게 된다. 보통 국내채권펀드의 듀레이션은 1~3년 정도이지만, 해외채권펀드의 듀레이션은 3~6년 사이로 상대적으로 긴 편이다. 그래서 해외채권펀드가 국내채권펀드보다 이자율위험이 더 크다고 볼 수 있다.

물론 듀레이션이 크기 때문에 금리가 하락할 경우에는 국내채권펀드보

이자율 변동과 듀레이션에 따른 채권가격변화표

(단위 : %)

		이자율 변화								
		-3.0	-2.0	-1.0	-0.5	0.0	0.5	1.0	2.0	3.0
듀레이션 (Yr)	0.5	1.5	1.0	0.5	0.3	0.0	-0.3	-0.5	-1.0	-1.5
	1	3.0	2.0	1.0	0.5	0.0	-0.5	-1.0	-2.0	-3.0
	2	6.0	4.0	2.0	1.0	0.0	-1.0	-2.0	-4.0	-6.0
	3	9.0	6.0	3.0	1.5	0.0	-1.5	-3.0	-6.0	-9.0
	4	12.0	8.0	4.0	2.0	0.0	-2.0	-4.0	-8.0	-12.0
	5	15.0	10.0	5.0	2.5	0.0	-2.5	-5.0	-10.0	-15.0

도표 5-10 **이자율위험으로 본 경기상황별 국채만기 전략**

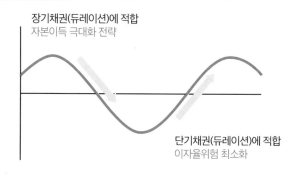

장기채권(듀레이션)에 적합
자본이득 극대화 전략

단기채권(듀레이션)에 적합
이자율위험 최소화

다 해외채권펀드가 상대적으로 더 높은 수익을 기대할 수 있다. 즉 해외채권은 투자상품 성격이 더 강하다고 볼 수 있다. 금리인상기에는 채권펀드, 특히 국채펀드는 투자를 피해야 한다. 그러나 실제 자산배분 포트폴리오에서는 경기상황과 관계없이 일정 부분을 채권자산이 차지하기 때문에 현실성 있는 채권투자 전략은 다음과 같다.

- 금리상승 가능성이 있는 경우, 듀레이션이 최대한 짧은 펀드에 투자해 이자율위험을 최소화하면서 이자수익에 집중하자.
- 이자율위험이 없는 상황, 즉 경기하락으로 중앙은행의 금리인하가 예상된다면 투자대상을 국채펀드로 집중하자. 그중 듀레이션이 긴 채권(만기가 긴 장기국채에 투자하는 펀드)에 투자하는 것이 국채가격 상승으로 인한 자본이득을 극대화할 수 있다. 참고로 경기하락기에 신용등급이 낮은 하이일드채권에 투자한다면 가산금리 확대로 가격하락 가능성이 높다.

3. 경기하락 시 가격하락위험
신용위험

   정부가 채무상환을 보증하는 국채 혹은 국공채를 제외한 모든 회사채는 발행회사의 상환능력, 즉 신용등급에 따라 위험프리미엄인 가산금리가 발생한다. 이는 투자자 입장에서 회사채를 투자할 때 가장 중요하게 고려해야 할 변수이다. 개별기업에 대해 발생하는 신용위험은 주로 경기하락 시 발생하기 때문에 경기하락위험이라고도 한다.

   신용위험이라고 하면 대다수가 부도위험만 알고 있다. 그런데 실제로는 더 많은 종류의 신용위험이 있다. 국내채권만 투자한다면 신용위험을 곧 채권부도위험이라고 봐도 무방하다. 하지만 해외채권 혹은 해외채권펀드를 투자하고자 한다면, 알아야 할 신용위험 폭은 좀 더 넓어진다.

   신용위험을 구체적으로 구분해보면 ① 부도위험Default risk, ② 신용등급하락위험Downgrade risk, ③ 유동성위험Liquidity risk, ④ 가산금리 확대위험Credit spread risk으로 나눌 수 있다.

부도위험

부도위험$^{\text{Default Risk}}$은 이론적으로 채권발행기업이 상환하지 못할 위험을 지칭한다. 부도위험은 신용위험을 이야기할 때 가장 일반적으로 언급되는 위험이며, 국내채권에 투자할 때 가장 중요하게 고려해야 할 위험이다. 국내시장은 회사채 유통시장이 충분히 발달되지 못했기 때문에 부도위험 이외의 위험들은 크게 고려하지 않아도 된다. 왜냐하면 다른 신용위험은 회사채시장이 잘 발달된 상황에서 나타나는 위험이기 때문이다. 그래서 국내는 부도위험만 신경 쓰면 된다.

기업의 부도율은 신용등급과 매우 밀접한 관계가 있다. 신용등급이 낮

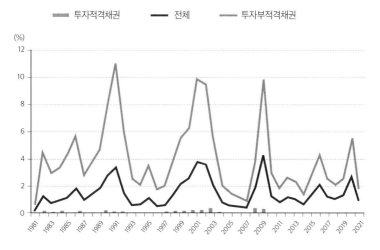

도표 5-11 **투자적격채권과 투자부적격채권의 부도율 비교**

• 자료 : Standard & Poor's global fixed Income Research and Standard & Poor's CreditPro®

을수록 부도확률은 높아지고, 반대로 신용등급이 높을수록 부도확률은 낮아진다. 따라서 투자적격(BBB+ 이상)채권의 부도율은 투자부적격(BB 이하) 등급 채권에 비해 압도적으로 낮다.

〈도표 5-11〉은 미국 투자적격채권과 투자부적격채권의 부도율을 비교한 것이다. 1980년 이후 채권의 부도율을 보여준다. 채권부도율은 경기 상승 국면에서는 낮아지는 반면, 경기침체기에는 증가된 것을 알 수 있다. 투자부적격(하이일드)채권의 부도율은 평균 3~4% 수준이지만, 투자적격채권의 부도율은 매우 미미한 수준이다. 경기침체기에 신용등급별 부도율을 보면 투자적격채권은 평상시와 크게 차이가 나지 않는데, 투자부적격채권은 경기침체기에 거의 8% 이상 급증한다. 즉 투자부적격채권은 경기상황에 따라 부도율 변동폭이 매우 크게 나타나는 것이다.

따라서 경기가 하락할 것으로 예상되는 경우에는 투자부적격(하이일드) 채권 투자를 매우 조심해야 한다. 왜냐하면 투자부적격 채권은 경기가 하락하면 부도율이 큰 폭으로 증가해 투자손실로 연결될 가능성이 높아지기 때문이다.

다음은 각 신용등급별 부도율을 구체적으로 알아보겠다. 〈도표 5-12〉 상단에 있는 자료는 최근 2년 동안(2020~2021년)의 부도율 정보이다. 투자적격채권 부도율은 제로이며, 투자부적격채권, 즉 BB 이하에서는 등급이 낮을수록 부도율이 높은 것을 확인할 수 있다. 하단에 있는 도표는 지난 30년간 신용등급별 부도율 정보이다. 도표에서 표시한 곳을 보면 투자적 격채권은 경기상황 변동에 따른 부도율 변화가 거의 없는 반면, 등급이 낮은 채권은 경기상황에 부도율 편차가 심하게 변하는 것을 확인할 수 있다.

신용등급별 장기부도율

• 2020~2021년 글로벌 회사채 등급별 부도율

	AAA	AA	A	BBB	BB	B	CCC/C
2020	0.00	0.00	0.00	0.00	0.00	2.12	47.68
2021	0.00	0.00	0.00	0.00	0.00	0.26	10.99

• 지난 30년간 신용등급별 채권부도율

	AAA	AA	A	BBB	BB	B	CCC/C
최소	0.00	0.00	0.00	0.00	0.00	0.00	0.00
최대	0.00	0.44	0.40	1.45	3.77	17.32	49.46
가중평균	0.00	0.01	0.05	0.20	0.66	5.62	24.59
2008	0.00	0.38	0.39	0.49	0.81	4.08	27.27

• 자료 : S&P

실제 채권펀드에서 개별채권 부도위험은 일반투자자들이 중요하게 고려하지 않아도 된다. 왜냐하면 전문가들이 개별기업의 부도가능성과 시장위험을 고려하여 투자하고, 여러 종목에 분산투자하기 때문이다. 반면에 개별종목으로 채권에 투자할 때 부도위험은 가장 중요한 체크사항이다.

국내 증권사에서 판매한 채권 중 금리가 높고 신용등급이 낮은 개별채권이 실제로 부도가 발생해 채권투자자가 어려움을 겪는 것을 종종 보곤 한다. 따라서 개별채권에 투자한다면 해당 기업의 부도위험을 반드시 체크해야 한다. 그러나 일반투자자 입장에서 부도위험을 정확하게 판단하기가 어렵기 때문에 등급이 낮은 개별채권은 가능하면 투자하지 않는 것이 바람직하다.

부도위험을 정리하면 다음과 같다.

- 투자적격채권 부도율은 경기상황에 관계없이 매우 낮기 때문에 투자적격채권펀드에서는 주요 고려사항이 아니다.
- 경기가 양호할 때 투자부적격채권의 부도율은 상당히 낮게 형성되므로, 투자부적격채권에 투자하는 하이일드채권펀드는 좋은 투자대안이 될 수 있다.
- 경기가 침체국면으로 진입하면 투자부적격채권(하이일드)의 부도율이 큰 폭으로 증가하기 때문에 가능하면 투자를 회피하는 것이 바람직하다.

신용등급 하락위험

신용등급 하락위험Downgrade risk은 글로벌 신용평가사인 S&P나 무디스에서 채권발행 기업의 신용등급을 기존보다 하향 조정해 채권가격이 하락하여 자본손실이 발생하는 위험을 지칭하는 것이다. 일반적으로 채권의 신용등급이 하락하면 부도가능성이 증가한 것으로 판단하기 때문에, 채권가격은 하락하게 된다. 특히 투자적격(BBB)에서 투자부적격(BB 이하) 등급으로 하향될 경우 채권가격이 크게 하락한다. 이렇게 가격이 급락하는 이유는 대다수 기관투자가가 투자적격채권만 투자할 수 있도록 내부 투자지침이 결정되어 있기 때문이다.

기존에 투자한 채권이 투자부적격(하이일드) 등급으로 바뀌게 되면 반드시 채권을 매각해야 하기 때문에 가격이 크게 하락한다. 투자적격채권 시장규모도 투자부적격채권 시장규모보다 압도적으로 크다. 큰 채권시장에서 작은 채권시장으로 바뀌기 때문에 가격 영향이 더 커지게 되는 것이다. 반대로 한 단계 등급(BB → BBB) 상승이라도 투자부적격(하이일드) 등급에서 투자적격채권시장으로 올라오기 때문에 가격은 큰 폭으로 상승하게 된다. 시장규모 면에서 차이도 있을 뿐더러, 채권시장의 큰손 중 하나인 연기금들이 신규 매입할 수 있는 채권이 되기 때문이다.

미국 하이일드 시장에서 투기등급과 투자등급 간 변동은 회사채 시장의 중요한 기업이벤트Corporate Event이다. 그래서 〈도표 5-13〉과 같은 전문용어가 하이일드 시장에서 통용된다.

투자적격 등급에서 투자부적격 등급으로 바뀌는 '추락하는 천사Fallen Angel'가 많으면 하이일드채권펀드 가격에 부정적인 영향을 준다. 등급이 하락해 하이일드채권시장에 신규로 진입하는 채권이 많아지기 때문이다.

반대로 투자부적격 등급에서 투자적격 등급으로 상승하는 '떠오르는 별Rising Star'이 많으면 하이일드채권펀드 가격에 긍정적인 영향을 준다. 왜냐

도표 5-13 **신용등급 변화에 따른 실무용어**

등급조정	변경 전	변경 후	용어
신용등급 하락	투자적격IG	투자부적격Junk	추락하는 천사Fallen Angel
신용등급 상승	투자부적격Junk	투자적격IG	떠오르는 별Rising Star

하면 기존 하이일드채권펀드에서 편입한 채권이 투자적격으로 상향되었다는 것을 의미하므로, 기존펀드 입장에서는 보유채권 가격상승으로 펀드 수익에 도움을 받기 때문이다.

- 경기상승 초기에는 신용등급이 상향되는 채권이 많아지고, 이로 인해 가격상승을 기대할 수 있다. 그러므로 이때 수혜를 보는 하이일드채권펀드 투자가 바람직하다.
- 경기둔화 국면에는 신용등급 하락 기업이 다수 발생하므로, 이로 인해 가격손실 가능성이 커진다. 그렇기 때문에 기존 하이일드채권펀드는 부정적 영향을 받으므로 투자를 회피하는 것이 바람직하다.

유동성위험

유동성위험Liquidity risk은 투자자가 채권을 팔고자 할 때 적정한 시장가격으로 팔 수 없는 위험을 말한다. 유동성Liquidity은 해당 채권의 유통시장이 얼마나 잘 발달되어 있느냐에 달려 있다. 왜냐하면 시장이 충분히 발달되어 있지 않으면, 현재 시장가격으로 투자자가 매도하기 어렵기 때문이다.

채권시장의 유동성은 매수/매도호가Bid/ask spread 차이(스프레드)로 측정된다. 매수/매도호가 차이가 많이 벌어질수록 시장은 비유동적이며, 차이

(스프레드)가 좁아질수록 유동성이 좋은 것이다. 또한 유동성위험은 경기상황에 따라 바뀐다. 경기가 좋을 때는 유동성이 좋으나 경기가 악화될 경우 유동성위험이 높아지게 된다.

특정 채권에 유동성 이슈가 발생하면 해당 채권시장에 상당한 가격하락 위험을 초래할 수 있으며, 이는 기존 채권투자자의 총 투자수익에 부정적으로 영향을 미칠 수 있다. 유동성이 적은 주식처럼 채권투자자가 예상한 가격보다 낮은 가격으로 매각하게 되는 것이다. 이는 부동산 시장에서 유동성이 부족하면 매각할 때 원래 예정한 가격보다 낮게 매매해야 팔리기 때문에 기존 투자자는 일정 부분 손해를 보는 원리와 동일하다.

개인투자자가 직접적으로 유동성을 체크하는 것은 현실적으로 불가능하므로, 간접적으로 해당채권의 시장규모로 유동성을 판단할 수 있다.

- 상대적으로 시장규모가 작은 채권은 유동성위험 가능성이 있으므로 투자를 회피하고, 시장규모가 충분한 채권 내지 채권펀드에 투자해야 한다.

- 매수매도가 원활한 시장이 유동성이 좋은 시장이다. 그러므로 매수/매도호가 차이가 많이 발생하지 않는 채권시장에 투자해야 한다.
- 경기가 양호할 때는 유동성 이슈가 중요하지 않다. 하지만 경기의 불확실성이 높아지면 유동성 이슈가 중요해진다.

가산금리 확대위험

　가산금리 확대위험$^{Credit\ Spread\ Risk}$은 개별 발행기업의 신용등급에 변화가 없었지만, 거시경제 상황에 따라 기업 가산금리가 확대되어 채권가격이 하락하는 위험이다. 가산금리가 확대되면 기존 투자자는 가격하락에 따른 손실을 보게 된다. 가산금리$^{Credit\ spread}$는 다음과 같은 속성이 있다. ① 동일한 만기의 국채금리와 개별 발행기업의 금리차^{Spread}, ② 발행기업의 신용위험을 국채금리에 추가하는 금리로 위험프리미엄$^{Risk\ Premium}$, ③ 채권시장 참여자들이 결정하는 시장위험 지표$^{Market\ Risk}$이다.

　가산금리는 발행기업의 신용도와 연동되어 있다. 등급이 낮을수록 가산금리는 높아지고, 등급이 높을수록 국채금리 대비 가산금리는 작아진다. 신용등급이 낮을수록 부도위험이 커지기 때문에 위험프리미엄 성격인 가산금리가 높아지는 것이다. 예를 들어 3년 만기 국채금리가 2.5%이고 개별기업의 회사채금리가 5%이면, 가산금리는 2.5%이다.

　기본적으로 가산금리는 발행자의 부도위험이 커지면 확대된다. 또한 가산금리는 경기상황과 매우 연동되어 있기 때문에 시장위험이 커지면 가산금리가 높아지고, 시장위험이 낮아지면 가산금리도 낮아진다.

　예를 들어 경제상황의 불확실성^{Uncertainty}이 커지면 투자자들은 안전자산인 국채를 매수하게 되고, 이에 국채가격은 상승하고 국채금리는 하락한다. 반면에 시장이 불확실해지면 위험프리미엄인 가산금리는 확대된다. 경기상황과 관계를 정리하며 다음과 같다.

- **경기상황 악화** : 가산금리 확대 → 하이일드 금리상승 → 하이일
  드채권가격 하락
- **경기상황 개선** : 가산금리 축소 → 하이일드 금리하락 → 하이일
  드채권가격 상승

가산금리 확대위험은 개별기업 신용위험이 아닌 전체 거시경제 환경에 영향을 받는 위험이며, 실제 미국 하이일드채권펀드를 투자할 때 가장 고려해야 할 위험이다.

〈도표 5-14〉는 신용등급별 채권의 가산금리 동향이다. 개별기업의 신용등급은 변동하지 않았으나, 경기상황에 따라 신용등급별 가산금리가 변동하는 것을 확인할 수 있다. 예를 들어 2008년 리먼브라더스 사태 때는 하이일드채권 가산금리가 국채금리 대비 20% 가까이 증가했다가, 경기가 회복된 2010년에는 5% 수준으로 낮아졌다. 2020년 코로나 팬데믹 당시에도 하이일드채권 가산금리는 10%까지 증가했다가, 그 여파가 점차 진정되고 경기가 회복되는 시기에는 3% 수준으로 낮아진 바 있다. 즉 가산금리는 시장위험에 아주 민감하게 영향을 받는다고 볼 수 있다.

경제의 불확실성이 증대되어 시장위험이 커지기 때문에 위험프리미엄인 가산금리가 확대되는 것이다. 이에 하이일드채권 금리가 상승하게 되어 채권가격이 하락한다. 반대로 경제가 회복되면 시장위험이 감소하게 되어 위험프리미엄인 가산금리는 축소된다. 따라서 하이일드채권 금리가

신용등급별 국채 대비 가산금리 추이

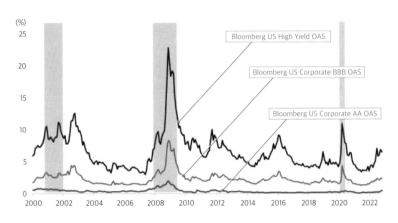

- 자료 : Bloomberg, 회색 부분은 경기침체 구간

하락하여 채권가격 상승하게 된다.

〈도표 5-15〉를 보면 가산금리가 하이일드채권 투자수익에 어떻게 영향을 주는지 좀 더 명확히 이해할 수 있다. 그래프는 2012년부터 2022년까지 미국 하이일드채권 가산금리 동향이다. 도표를 보면 2015년에 하반기에 중국 경착륙 이슈, 유가 급락 등으로 시장위험이 커지면서 가산금리가 급증했다. 반면 2016년에는 이런 이슈들이 해결되면서 시장위험이 줄어들어, 급증했던 가산금리가 안정화되는 국면을 보여주고 있다.

2015년도 하반기에 시장위험이 커지면서 가산금리는 5%에서 9% 근처까지 상승했고, 2015년 하이일드채권 수익률은 -5%를 기록했다. 그러나 2016년 주요 경제지수가 안정화되어 급등한 가산금리가 9% 전후에서 5%대까지 축소되면서, 2016년 하이일드채권펀드 수익은 17%로 매우 우수한

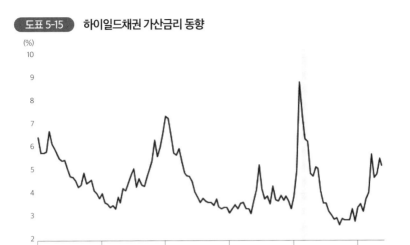

하이일드채권 가산금리 동향

• 자료 : Bloomberg

성과를 보여주었다. 2020년 초반 COVID-19가 퍼지면서 글로벌 경제에 대한 불확실성과 위험이 커지자 가산금리가 9% 가까이 급증했다. 하지만 주요 국가 중앙은행들이 양적완화 정책^{QE}을 펼치면서 경기가 진정세를 보이기 시작했고, 가산금리가 다시 빠르게 하락했다. 그렇게 2020년 말 가산금리가 3%대까지 축소되면서, 당해 하이일드채권 수익률은 7%을 기록했다. 따라서 하이일드채권펀드 투자 시, 현재 가산금리 수준 파악 및 향후 가산금리 추세를 예상하는 것은 매우 중요하다. 가산금리 확대위험은 다음과 같이 정리할 수 있다.

- 경기가 둔화될 것으로 예상되면 하이일드채권펀드 혹은 회사채 펀드는 피하자. 경기가 둔화되면 가산금리가 확대되어 채권가격이 하락하기 때문이다.
- 경기 불확실성이 해소되는 시점에는 하이일드채권펀드 혹은 회사채펀드에 투자하자. 경기 안정화 시점에는 가산금리가 축소되어 채권가격이 상승하기 때문이다.

4. 환율변동에 따른 채권투자위험
통화위험

통화위험Currency risk은 국내채권 투자를 할 경우 고려할 필요가 없는 위험이나, 해외에 있는 채권이나 채권펀드를 투자할 때는 반드시 체크해야 할 위험이다. 이는 투자 대상국 통화가치가 원화 대비 하락할 때, 국내투자자 입장에서 통화가치 하락으로 투자손실을 입게 되는 위험이다. 해외채권 내지 해외채권펀드의 수익구조를 간단하게 분석해보면 다음과 같이 구성된다.

해외채권투자 총수익 Total Return
= ① 이자수익 + ② 자본손익 + ③ 환율변동폭

일반적으로 채권투자 총수익은 투자채권에서 발생하는 이자수익과 투자기간 가격변동에 따른 자본손익으로 구성된다. 하지만 해외채권은 투자기간 동안의 환율변동폭도 총투자수익에서 추가적으로 고려해야 할 중요한 변수이다.

예를 들어 국내 일반투자자가 금리가 3%인 미국 10년 만기 국채에 투자했다고 하자. 투자기간(1년) 동안 미국 10년 만기 국채금리 변동은 없었고, 환율은 원화 대비 달러가치가 10% 하락(원화절상)했다고 하자. 1년 뒤 미국 국채 투자자의 총투자 수익률은 미국 국채에서 나오는 이자수익 3%와 통화가치 하락으로 인한 10%의 환손실이다. 이를 합산하면 총 투자수익률은 -7%다. 채권에서는 정상적으로 이자수익이 발생했지만, 환차손이 발생해 전체 투자수익은 마이너스를 기록한 것이다. 일반적으로 환차손익은 채권에서 발생하는 이자수익과 자본수익보다 변동폭이 더 크다. 그렇기 때문에 잘 관리해야 할 변수이다.

해외채권 환헤징 가이드

〈도표 5-16〉은 환헤징한 경우와 환헤징Hedging을 하지 않은 경우의 해외채권 투자수익 구조이다.

해외채권(펀드) 투자 시 통화는 매우 중요한 변수이다. 그래서 상당수 해외투자펀드는 일반적으로 원/달러 헤징을 통해 환율변동위험을 제거한다. 환헤징을 하여 해외채권에 투자하는 경우, 환차손익을 고려하지 않고 일반적인 채권수익(= ① 이자수익 + ② 자본손익)만 고려해 투자하면 된다. 반면에 환헤징을 하지 않은 상태로 해외채권에 투자하는 경우, 기본적인 채권투자수익뿐만 아니라 환차손익도 고려해 투자해야 한다.

도표 5-16 해외채권(펀드) 투자수익 구조

구분		헤징 경우	비헤징 경우
수익 구성요소	① 이자수익	○	○
	② 자본손익	○	○
	③ 환차손익	×	○
총수익Total Return		① 이자수익 + ② 자본손익	① 이자수익 + ② 자본손익 + ③ 환차손익

도표 5-17 해외채권 환헤징 가이드라인

구분		헤징 여부	근거
대상채권	미국채권	○	원달러 헤징을 통해 투자채권에 집중할 수 있도록 환헤징이 필요
	이머징채권	×	미국 이외의 제3국, 특히 이머징국가 채권에 투자하는 경우 환헤징 관련 비용이 너무 커 현실적으로 불가능
투자자의 전문성	전문가	×	환차손익에 대한 이해도가 높으므로 해외투자 효율성 측면에서 접근해야 하며, 비헤징 전략이 바람직함
	일반투자자	○	해외투자시 채권전망과 투자국가 통화전망까지 하기에는 어려움이 있으므로 환헤징이 바람직함
투자기간	단기투자(1~2년)	○	투자기간이 짧을수록 단기간 환변동성에 노출될 가능성이 더 크기 때문에 환헤징을 하는 것이 바람직함
	장기투자(3년 이상)	×	투자기간이 장기일수록 투자통화가 펀더멘털에 수렴하므로, 환헤징을 하지 않는 것이 바람직함

그렇다고 모든 상황에서 환헤징을 권하는 것은 아니다. 환오픈^{Open}이 오히려 수익기회로도 활용될 수 있다. 또한 대다수 이머징통화의 경우 헤징을 할 때 비용이 많이 발생하며, 헤징효과가 없는 경우도 있다. 그렇기 때문에 환헤징 여부는 투자자 상황, 투자대상 자산, 투자국 경제환경을 고려해 결정해야 한다. 필자의 오랜 투자경험을 바탕으로 환헤징 여부에 대한 일반적인 가이드라인을 〈도표 5-17〉과 같이 제시한다.

　기본적으로 투자채권 금리가 낮은 미국채권 투자, 투자 이해도가 상대적으로 낮은 일반투자자, 그리고 투자기간이 상대적으로 짧다면 가급적 환헤징을 하여 통화위험을 회피하는 것이 바람직하다. 반면 환헤징 비용이 많이 발생하는 이머징마켓 채권, 투자 이해도가 높은 전문투자자, 그리고 투자기간이 장기간이라면 환헤징을 하지 않고 투자하는 것이 더 효율적이다. 당연하겠지만 국내채권은 통화위험이 없다. 해외채권펀드는 이론적으로 통화위험에 노출된다. 하지만 미국달러로 투자되는 경우 일반적으로 펀드 자체적으로 원/달러 헤징을 하여 해외채권에 투자하기 때문에, 환율변동위험에 최소화되어 있다. 그렇다고 모든 해외채권펀드가 환헤징을 하는 것은 아니다.

　펀드에 통화위험이 노출되는 경우는 다음과 같다. 첫째, 투자국 통화 가치상승에 따른 수익추구 목적으로 의도적으로 환오픈을 하는 경우이다. 둘째, 펀드에서 환헤징 비용이 너무 많이 발생하여 환헤징 의미가 없는 경우이다. 이때는 환헤징을 하지 않고 투자한다. 예를 들면 브라질채권에 투자하는 펀드가 환헤징을 한다면, 연간 비용이 7~8%(양국 간 금리차) 수준이 되어 해당 채권에 투자하는 의미가 없어진다. 환헤징 시 소요되는 비용은 투자 대상국에 따라 달라진다. 일반적으로 한국보다 금리가 높은 나라일수록 비용이 많이 발생해서 금리가 높은 나라의 해외채권을 투자한다면 대다수 환헤징을 할 수가 없다. 왜냐하면 양국 간 금리차만큼 환헤징 비용이 발생하기 때문이다. 다시 한번 해외채권 환헤징에 대한 대략적인 기준을 정리하면 다음과 같다.

- 달러화로 표시된 채권은 원달러 헤징을 통해 환율변동위험을 제거하는 것이 바람직하다.
- 일반투자자의 채권투자 기대수익은 5~6% 내외이다. 만약 환노출을 통해 해외채권에 투자하면 환변동폭이 채권이자수익보다 크기 때문에, 보수적인 채권투자자는 환헤징을 해서 채권수익에 집중하는 것이 바람직하다.
- 환오픈을 하는 경우 투자환율까지 예측해야 한다. 하지만 이는 상당한 전문성이 요구되기 때문에, 환헤징을 통해 채권투자수익만 추구하는 것이 바람직하다.
- 장기적으로 달러자산을 보유할 목적이거나, 경제에 대한 전문적 지식을 가지고 있는 경우에는 환헤징을 할 필요가 없다.
- 금리가 높은 이머징국가에 투자하는 경우, 환헤징 비용이 너무 커서 환헤징이 어렵다. 따라서 투자하고자 하는 국가의 환율전망을 심도 있게 체크하고 투자해야 바람직하다.

투자통화 전망하는 방법

그럼 환율은 어떤 원리로 움직일까? 간단하게 알아보도록 하자. 통화에 영향을 미치는 변수는 크게 4가지로 요약할 수 있다.

① 국가 간 인플레이션 차이Difference in National Inflation Rates

② 국가 간 실질이자율 차이Changes in Real Interest Rates

③ 국가 간 경제성과 차이Dirrerence in Economic Performance

④ 국가 간 투자환경 차이Changes in Investment Climate

국가 간 인플레이션 차이

일반적으로 인플레이션이 높은 국가는 지속적으로 통화약세를 보인다. 이는 상대국 대비 인플레이션이 낮은 국가의 실질구매력Purchasing power이 높기 때문이다. 반면에 인플레이션이 높다는 것은 실질구매력이 저하되는 것이므로 통화가치도 절하되는 것이다.

> • (예상)인플레이션이 높은(낮은) 국가의 통화가 약세(강세)로 작용
>   한다.
> • 이론적으로 양국 간의 환율 움직임은 양국 간 인플레이션 차이
>   를 상쇄하는 방향으로 움직인다.
> • 실질구매력 평가법 : Purchasing Power Parity

국가 간 실질이자율 차이

실질금리가 높은 국가는 상대국 대비 높은 이자수익을 제공한다. 그러므로 높은 금리는 외국자본을 유입시키고 환율이 절상(통화가치 상승)된다. 그러나 인플레이션이 높은 상태에서는 금리가 높더라도 환율강세로 연결되지 않는다.

- 실질이자율은 명목금리에서 예상인플레이션을 차감한 것이다.
- 양국 간 인플레이션이 비슷하면 실질이자율(실질구매력)이 높은 나라가 투자예상 기대수익이 높기 때문에 통화는 강세로 작용하게 된다.
- 실질금리가 높은(낮은) 나라 환율이 강세(약세)가 된다.

국가 간 경제성과 차이

경상수지가 적자이면 수출을 통해 벌어오는 것보다 수입에 돈을 더 많이 소비한다는 것이며, 적자 보충을 위해 해외로부터 자금을 조달해야 하는 것이다. 외국통화의 과도한 수요는 자국통화 약세를 유발하며, 국내제품 가격이 해외에서 충분히 경쟁력이 있을 때까지 통화는 약세가 된다.

- 자본(돈)흐름은 높은 기대수익이 예상되는 곳으로 흐르게 된다.
- 장기성장률에 영향을 주는 주요 변수는 경상수지이다.

- 경상수지가 흑자(적자)이면 자국통화는 강세(약세)이다.

국가 간 투자환경 차이

투자환경 차이의 대표적인 사례가 최근의 인도이다. 2014년 이전까지 인도정부는 사회주의적인 정책을 시행해 규제가 많았다. 이로 인해 해외 기업이 많이 철수하게 되었고, 인도 루피화는 리먼브라더스 사태 이후에도 지속적으로 하락했다. 하지만 2014년부터 시장친화적인Market-friendly 정책을 펴는 모디정부가 집권하면서, 많은 해외기업과 자금이 인도로 돌아오게 되어 인도 루피화는 강세로 반전되었다.

- 환율은 기대수익에 영향을 받지만, 또한 투자환경에도 영향을 받는다.
- 안정적인 정치환경, 외국투자자에게 우호적인 세금제도, 금융당국의 물가안정 정책
- 투자환경 개선·금 유입·환율강세

통화를 노출Open하고 해외채권을 투자하고자 할 때, 통화에 영향을 미치는 투자국의 경제상황을 정확하게 체크하고 투자해야 한다. 투자국 통화가 강세가 되기 위한 대략적인 조건은 다음과 같다. 이러한 상황일 때 해

당 통화는 강세가 된다.

① 인플레이션이 낮게 유지되어 실질구매력이 높아야 한다.

② 실질금리가 높아 투자기대수익이 높아야 한다.

③ 거시경제 상황, 즉 무역수지가 흑자가 되어야 한다.

④ 투자환경이 양호하여 글로벌 자금유입이 가능해야 한다.

해외채권 투자, 특히 이머징채권 투자에 통화전망이 얼마나 중요한지 알 수 있는 좋은 사례는 국내투자자들이 단일국가 중 가장 많이 투자한 브라질국채 투자이다. 2010년 이후 국내증권사와 은행을 통해 5조 원 이상 판매된 브라질채권은 2015년까지 대다수의 투자자가 큰 손실을 경험하다가, 2016년부터 수익이 개선되고 있다. 대다수 투자자는 브라질채권의 비과세와 높은 이자수익에만 주목하고 통화변동위험을 간과해 많은 어려움을 겪었다. 국내투자자가 브라질 10년 만기 국채에 투자했을 때의 성과분석을 하면 다음과 같다. 투자기간 동안 실제로는 브라질 시장금리가 변동해 자본손익이 발생했으나, 계산편의를 위해 자본손익은 없다고 가정했다.

[사례 1] 2013년 말에 투자하여 2015년 말에 매각한 상황(2년 투자)

⇒ 총 투자수익 = 채권수익 20%(연간 10%) + 환차손(-35%) = -15%

[사례 2] 2015년 10월에 투자하여 2017년 9월에 매각한 상황(2년 투자)

⇒ 총 투자수익 = 채권수익 20%(연간 10%) + 환차익(+15%) = +35%

도표 5-18　브라질 통화, 10년 국채금리, CPI

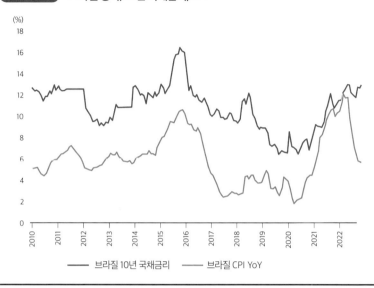

(%)

브라질 10년 국채금리 ── 브라질 CPI YoY

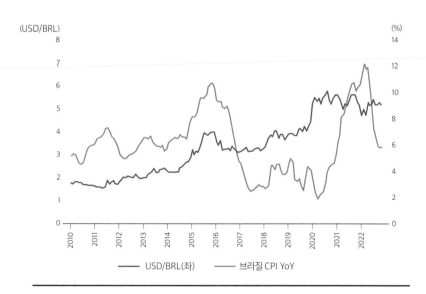

(USD/BRL) (%)

USD/BRL(좌) ── 브라질 CPI YoY

〈도표 5-18〉은 브라질 통화, 10년 국채금리, 전년 대비 CPI 관계를 그린 도표다. 최근 3년 코로나 팬데믹 기간 동안 수요 급증과 원자재 병목현상 때문에 물가가 가파르게 상승했다. 중앙정부는 물가를 통제하기 위해 기준금리를 인상했고, 그 결과 10년 국채금리도 함께 상승하면서 실질금리(명목금리-인플레이션율)가 많이 하락했다.

하지만 경기 성장세 둔화 속에서 브라질 중앙은행이 기준금리 인상 정책을 시행함에 따라, 2022년부터 전년 대비 CPI 수치는 빠르게 하락하고 있다. 향후 브라질 물가가 안정화되면, 실질금리가 다시 상승하고 브라질 통화 또한 강세로 반전될 것으로 예상된다.

따라서 이머징국가 채권에 투자한다면 해당 국가의 통화전망을 반드시 체크해야 한다. 통화는 해당 국가의 인플레이션, 기준금리, 10년 국채금리 등 각 지표들과 긴밀한 관계가 있다. 이는 브라질의 경우에도 확인할 수 있다. 즉 환헤징을 하지 않고 해외채권에 투자할 경우, 투자자산에 대한 전망뿐만 아니라 투자국 통화 전망도 반드시 확인해야 한다. 그래야 채권투자에 따른 통화위험을 관리할 수 있다.

5. 채권위험은 투자기회다

앞에서 다양한 위험의 종류를 설명했는데, 5장을 간단하게 정리하면 다음과 같다.

- 이자율위험은 모든 채권(펀드)에 존재하는 기본적인 위험이다.
- 신용위험은 국가가 발행한 채권 혹은 보증한 채권 이외 모든 회사채에서 발생하는 위험이며, 신용등급이 높은 채권일수록 위험수준은 작아진다. 반면에 신용등급이 낮을수록 위험성은 커진다.
  ① 부도위험은 주로 국내채권펀드 혹은 개별채권 투자 시 고려해야 한다.
  ② 신용등급 하락위험은 투자적격 등급에서 투자부적격 등급으로 변동될 때 가장 큰 이슈가 발생한다.
  ③ 유동성위험은 채권시장 규모가 작을 때 발생하는 위험이다.
  ④ 가산금리 확대위험은 하이일드채권수익에 큰 영향을 주는 위험이다.
- 통화위험은 주로 이머징국가에서 발행하는 현지통화표시채권(국채,

주요 채권별 위험의 종류

종류	채권위험		
	이자율위험	신용위험	통화위험
국채	○		
준정부채	○	○	
우량(IG)채권	○	○	
하이일드(HY)채권	○	◎	
이머징채권	○	◎	◎

• 신용위험은 ① 부도위험, ② 신용등급 하락위험, ③ 유동성위험, ④ 가산금리 확대위험을 포함

회사채)에 투자할 때 발생하는 위험이다. 통화를 오픈하여 투자할 경우에는 반드시 해당 국가의 통화전망을 점검하고 투자해야 한다.

경기하락기 → 신용위험과 통화위험에 주목

① 경기하락기에는 이자율위험은 발생하지 않으며, 신용위험과 통화위험이 주로 발생한다.

② 경기하락기에 신용등급이 낮은 회사는 사업부진으로 기업 재무상황이 악화되기 때문에 기업의 신용위험이 증대된다. 따라서 신용위험은 경기하락기에 신용등급이 낮은 회사에서 발생하는 위험이다.

③ 투자대상 국가의 경제가 침체국면으로 들어가면 펀더멘털을 반영하는 투자국 통화는 약세가 되기 때문에 통화위험에 노출된다. 통화위험은 경기하락기에 이머징채권 투자 시 발생하는 위험이다.

경기상황별 발생하는 위험

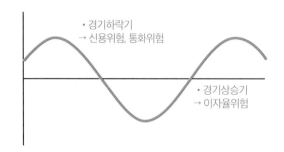

• 경기하락기
→ 신용위험, 통화위험

• 경기상승기
→ 이자율위험

도표 5-21 **경기상황별 위험과 기회**

주요 변수	경기상승기	경기하락기
금리위험	이자율위험 노출	금리하락에 따른 자본이득 기회
신용위험	신용위험 감소로 가격상승	신용위험 노출
통화위험	통화차익 가능	통화위험 노출

경기상승기 → 이자율위험에 주목

① 경기상승기에 가장 큰 채권위험은 금리상승에 따른 이자율위험이다. 경기상승기 국채투자 시 직면하는 가장 큰 위험이다.

② 경기가 회복되면 인플레이션 압력이 커지면서 시장금리가 상승하기 때문에 채권가격이 하락하는 이자율위험에 노출된다. 그러나 신용등급이 낮은 채권은 가산금리 축소라는 완충판이 있어 상대적으로 이자율위험에 적게 노출된다.

투자자 입장에서 경기사이클별로 조심해야 할 위험이 각각 다르다. 그러나 위험은 잘만 활용한면 투자수익 기회가 된다는 점도 명심해야 한다. 각 위험별로 반대의 경제상황에서는 가격상승으로 인한 자본이득까지 얻을 수 있다. 한마디로 위험은 곧 투자수익의 기회이자 원천이다.

- 경기상승기에는 금리상승으로 인한 이자율위험을 조심해야 하지만, 경기하락기로 전환되면 상승했던 금리가 하락하므로 채권가격 상승기회가 된다.
- 경기하락기에는 신용등급이 낮은 기업들의 위험은 가중되지만, 경기상승기로 전환되면 신용위험이 감소하면서 채권가격 상승으로 연결된다.
- 경기하락기에는 이머징통화가 약세가 되지만, 경기상승기에는 이머징통화가 글로벌 경제개선의 수혜를 보면서 통화가 강세전환된다.

세상은 넓고 투자할 채권은 많다.

채권을 어떻게
투자할까?

Chapter 6

● ● ● ●

경기상황에 따른
채권투자 노하우

● ● ● ●

수많은 일반투자자는 채권을 주로 경기하락기에 투자하는 상품이라고 생각한다. 하지만 이는 투자관점이 국내에만 머물러 있어서 그런 것이다. 투자대상을 글로벌시장으로 확대하면 경기하락기든 경기상승기든, 언제든 투자할 수 있는 채권이 있다. 그렇다면 각각의 경기상황별로 어떤 채권자산에 투자하는 것이 적합할까? 이번 6장에서는 경기상황별 채권투자 노하우를 다루겠다.

1. 채권자산별
매수매도 타이밍과 성과분석

〈도표 6-1〉 상단은 세계적인 펀드평가사 모닝스타에서 발표한 경기상황별 적합한 투자자산을 도식화한 것이다. 경기상황별 주식과 채권자산의 투자타이밍을 제시하고 있다. 이것을 채권별 투자시점으로 정리하면 하단의 도표와 같다.

신용등급이 높은 국채나 투자적격채권은 경기고점이나 경기가 본격적으로 침체되는 시점에 투자하고, 경기가 본격적으로 회복되는 시점에 매도하는 것이 바람직하다. 반대로 신용등급이 낮은 하이일드채권과 이머징채권은 경기회복이 시작되는 시점에 투자하고, 경기가 둔화되는 시점에 매도하는 것이 바람직하다.

〈도표 6-2〉는 세계적인 운용사 피델리티Fidelity에서 작성한 경기상황별 채권성과 그래프이다. 경기상황에 따라 채권자산의 성과분석을 하면 다음과 같다.

　경기변동에 따른 투자타이밍

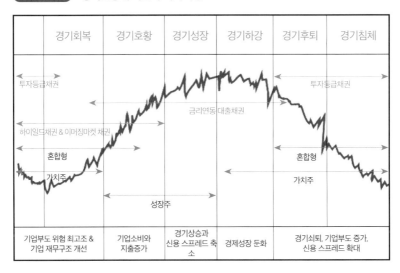

경기회복	경기호황	경기성장	경기하강	경기후퇴	경기침체

투자등급채권

금리연동 대출채권

하이일드채권 & 이머징마켓 채권

혼합형

가치주

성장주

투자등급채권

혼합형

가치주

기업부도 위험 최고조 & 기업 재무구조 개선	기업소비와 지출증가	경기상승과 신용 스프레드 축소	경제성장 둔화	경기쇠퇴, 기업부도 증가, 신용 스프레드 확대

채권구분	매수시점	매도시점
국채 & 투자적격채권	경기둔화 시점	경기회복 시작시점
하이일드 & 이머징채권	경기회복 시작시점	경기후반기 시점

• 자료 : 모닝스타

도표 6-2　1950~2020년 경기사이클별 채권투자 평균 연수익률

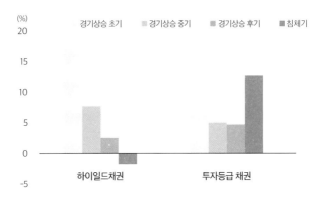

(%)

□ 경기상승 초기　■ 경기상승 중기　■ 경기상승 후기　■ 침체기

하이일드채권　　　　투자등급 채권

• 자료 :Fidelity Investments
• 2021년 3월 기준

[하이일드채권(투자부적격채권)]

- 경기상승 초기에 성과가 가장 우수하다.

- 경기상승 후반기로 갈수록 투자성과가 점차 낮아진다.

- 경기침체기는 마이너스 성과를 기록하기도 한다.

[투자등급채권]

- 하이일드채권 대비 경기변동에 따른 투자성과 변동폭이 작다.

- 경기회복세가 지속될수록 투자적격등급 채권의 투자성과는 점
  진적으로 감소한다.

- 경기상승 후반기에는 본격적으로 이자율위험에 노출되기 때문
  에 투자성과가 저조하다.

- 경기침체기는 안전자산 선호현상Flight-to-Quality으로 우량채권 가
  격이 상승해 가장 우수한 성과를 보인다.

••••

2. 경기상황별
시장의 영향

경기상황 변화가 채권시장에 어떻게 영향을 줄까? 우선 경기변동은 금리와 통화를 통해 채권투자수익에 영향을 미친다. 이자수익은 경기변동과 관계없이 일정하게 채권투자수익을 제공한다. 하지만 채권가격과 통화가치는 경기상황에 민감하게 영향을 받는다. 이것은 또 채권투자수익에도 영향을 끼친다.

경기하락기

- 안전자산 선호현상 → 국채수요 증가 → 국채금리 하락 → 국채 가격 상승
- 위험자산 회피현상 → 가산금리 급등 → 하이일드채권 가격하락

> • 경제상황 악화 → 이머징통화 약세 → 현지통화채권 투자수익
>   하락

경기가 둔화하거나 침체되면 안전자산 선호현상[Flight-to-Quality]이 발생해 국채수요가 증가하게 된다. 그러면 국채금리는 하락해 국채가격은 상승하게 된다. 또한 경기가 둔화되면 시장위험이 증가하므로, 위험프리미엄인 가산금리는 확대되어 신용등급이 낮은 채권가격이 하락하게 된다. 다시 말하면, 시장위험이 커지면 신용등급이 낮은 채권은 상대적으로 부도위험이 커져 채권가격이 하락하게 되는 것이다.

이머징채권의 경우에 통화는 중요한 투자수익 변수이다. 경기하락기에 이머징국가 통화는 선진국 통화 대비 하락하게 된다. 경기하락기에는 이머징국가의 위험이 커지기 때문이다. 따라서 경기가 둔화될 때 이머징채권에 투자하면 투자국의 통화가치가 하락하게 되어, 채권투자수익에 부정적인 영향을 미친다. 2010년 전후 국내투자자들이 경기가 둔화되기 시작한 브라질국채에 투자했다가 통화가치 하락으로 어려움을 겪은 사례가 여기에 해당한다.

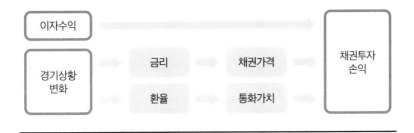

경기상승기

- 안전자산 회피현상 → 국채수요 감소 → 국채금리 상승 → 국채 가격 하락
- 경기회복 → 가산금리 축소 → 하이일드채권 가격상승
- 이머징위험 감소 → 이머징통화 강세 → 현지통화표시 이머징채 권 투자수익 우수

경기가 상승하면 위험자산 수요가 커지고 안전자산 수요는 감소하게 되어, 국채금리는 상승하게 된다. 이에 시장금리 상승으로 인한 국채가격은 하락하게 된다. 반면에 경기회복으로 시장위험이 감소해 위험프리미엄 성격인 가산금리는 축소되어 투기등급 채권가격이 상승하게 된다.

즉 경기가 회복하면 개별기업의 부도위험은 감소해 신용등급이 낮은 채

　경기변동에 따른 가산금리 추이

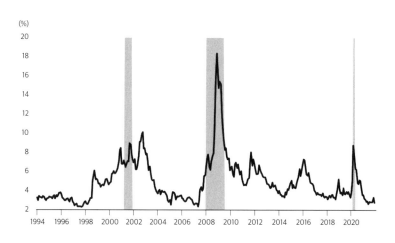

권에 대한 수요가 증가하게 되어, 하이일드채권 가격이 상승하게 된다. 또한 글로벌 경기회복은 이머징국가 펀더멘털 개선으로 연결되기 때문에 이머싱통화 가치는 상승하게 되어, 경기상승기에 현지통화표시 이머징채권에 투자하면 통화차익까지 얻을 수 있다.

〈도표 6-4〉는 경기변동과 가산금리 추이를 보여주는 그래프이다. 보면 알 수 있듯이 경기가 상승하면 가산금리가 축소되고, 경기가 둔해지거나 침체상황으로 가면 가산금리는 급증하게 된다. 또한 주요 글로벌 이벤트가 발생할 때마다 가산금리가 증가했다. 경기변동과 이벤트 발생 시 가산금리가 증가하는 이유는 가산금리가 시장위험 프리미엄의 성격으로, 경기상황에 따라 투자자가 요구하는 위험프리미엄이 달라지기 때문이다. 경기상황이 채권시장에 미치는 영향을 정리하면 〈도표 6-5〉와 같다.

경기상황	채권시장에 미치는 영향	채권가격
경기하락기	국채금리 하락	국채가격 상승
	가산금리 급등	투기등급 채권가격 하락
	투자통화 약세	현지통화 채권가격 하락
경기상승기	국채금리 상승	국채가격 하락
	가산금리 안정	투기등급 채권가격 상승
	투자통화 강세	현지통화 채권가격 상승

도표 6-5   **경기상황별 채권가격 변화**

● ● ● ●

3. 경기상황별 채권자산의 영향

경기하락기 채권별 영향

국채

경기하락기에 가장 바람직한 투자는 국채에 투자하는 것이다. 보통 경기가 하락하면 시장위험이 커지기 때문에 안전자산 선호현상이 발생한다. 대표적인 안전자산인 국채에 투자수요가 많아져 국채가격(금리하락)이 상승하게 된다. 따라서 투자자 입장에서는 국채에 투자해 가격상승으로 인한 자본이득을 최대화해야 한다. 금리하락으로 인한 수익 극대화를 위해서는 장기국채, 즉 듀레이션 긴 국채(펀드)에 투자해 가격상승 효과를 최대화하는 것이 바람직하다.

〈도표 6-6〉은 미국 경기침체기의 미국국채ETF의 투자수익률이다. 과거 20년 동안 공식적인 미국 경기침체기는 2002년과 2008년으로, 해당 연도의 미국 경제성장률은 마이너스를 기록했다. 이때 미국주식은 각각

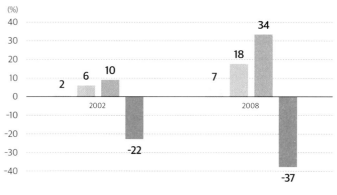

• 자료 : 블룸버그, ISHARES 1~3년, 7~10년, 20+국채ETF, S&P500

-22%와 -37%로 매우 저조한 성과를 보였다. 반면에 미국국채 ETF펀드는 같은 기간 동안 모두 양호한 성과를 기록했다. 그중 단기채권보다 만기가 긴 국채ETF가 더 우수한 성과를 보여주었다. 이러한 이유는 만기가 긴 채권이 듀레이션이 커서 동일한 시장금리 하락에도 채권가격이 더 상승하기 때문이다.

투자적격채권

신용등급 기준으로 투자적격채권IG: Investment Grade은 국채를 포함하는 포괄적인 우량채권이다. 경기하락기에 주식은 마이너스 수익을 기록하지만, 투자적격채권은 매우 양호한 수익률을 기록했다. 투자적격채권이 경기하락기에 양호한 수익을 기록한 이유는 경기 불확실성이 높아지면 위험

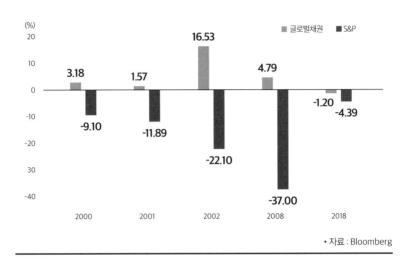

도표 6-7 | 주식하락기 투자적격채권 수익률

(%)
| 글로벌채권 | S&P
20
16.53
10
4.79
3.18
1.57
0
-1.20
-9.10
-4.39
-10
-11.89
-20
-22.10
30
-37.00
-40

2000   2001   2002   2008   2018

• 자료 : Bloomberg

자산을 회피하고 안전자산을 선호하는 현상이 발생하여, 우량채권 수요가 커지기 때문이다. 그래서 투자적격채권 가격이 상승하는 것이다.

〈도표 6-7〉을 보면 주식이 하락한 대부분 연도에 투자적격채권 수익은 플러스 성과를 보였다. 2018년에는 글로벌채권과 주식 모두 손실을 기록했으나, 글로벌채권은 -1%로 손실이 미미했다. 그뿐만 아니라 5%대로 양호한 수익을 실현해 투자포트폴리오의 방어자산 역할을 훌륭하게 해냈다.

하이일드채권(투자부적격채권)

경기침체기로 진입하면 시장 위험프리미엄인 가산금리는 급등하게 된다. 이에 따라 하이일드 금리가 상승해 투기등급 회사채 가격은 하락하게

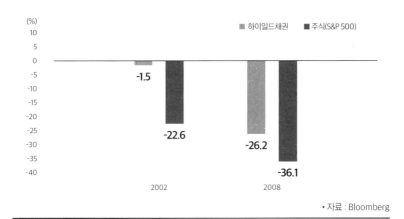

도표 6-8 경기하락기 하이일드채권 수익률

(%)

■ 하이일드채권　■ 주식(S&P 500)

-1.5

-22.6

-26.2

-36.1

2002

2008

• 자료 : Bloomberg

된다. 하이일드(고수익)채권은 형태는 채권이지만, 경기하락으로 부도위험
이 증가해 채권가격이 하락한다. 주식과 비슷한 속성인 것이다. 따라서 가
능하면 경기하락기에는 하이일드채권 투자를 피하는 것이 바람직하다.

〈도표 6-8〉은 2000년 이후 미국의 공식적인 경기침체기인 2002년과
2008년의 주식 및 하이일드채권 수익률이다. 도표를 보면 하이일드채권은
경기침체 구간에 주식만큼 하락하지는 않았지만, 저조한 성과를 보여 전
반적으로 주식과 같은 방향성임을 확인할 수 있다.

이머징채권

이머징채권은 크게 달러표시 이머징채권과 현지통화표시 이머징채권
으로 구분된다. 달러표시 이머징채권은 달러화로 발행되기 때문에 글로벌
투자자 입장에서 보면 통화위험은 없다. 따라서 달러표시 이머징채권 금

리는 미국 국채금리에 발행국가 위험만큼의 가산금리를 추가하는 구조이다. 미국 하이일드채권과 비슷한 속성이 있어, 경기하락기에는 채권가격이 하락하므로 투자를 피해야 한다. 경기가 하락하면 이머징국가 위험이 커져서 위험프리미엄인 가산금리가 증가하게 되어 채권가격이 하락하기 때문이다.

한편 현지통화표시 이머징국채는 채권투자 수익에 환차손이 중요한 수익원이다. 하지만 경기하락기에는 통화가치가 하락하므로 현지통화표시 이머징국채는 통화부문에서 손실을 볼 수 있다. 그러므로 투자를 하지 않는 것이 바람직하다. 가장 대표적인 예가 국내 투자자들이 경기악화 국면에 브라질국채에 투자해 상당한 환차손을 입은 것이다.

특히 경기하락기에 현지통화표시 이머징채권을 피해야 한다. 글로벌 투자자들은 글로벌경제가 악화되면 이머징국가 위험을 높게 판단해 해당 국가의 채권을 매도하고 본국으로 돌아가게 되는데, 이렇게 되면 해당 국가 채권가격도 하락하고 통화가치도 하락한다. 이머징국가 채권투자자 입장에서는 이중고를 겪는 것이다. 그래서 경기하락기에는 이머징채권 투자는 하지 않는 것이 좋다.

경기상승기 채권별 영향

국채

경기가 회복되면 위험자산 수요는 커지고 안전자산 수요는 감소하므로,

도표 6-9 금리인상기 국채ETF 투자수익률

• 자료 : 블룸버그(ISHARES 1~3년, 7~10년, 20+국채ETF)

국채가격(금리상승)은 하락하게 된다. 특히 금리인상기에는 이자율위험(금리상승에 따른 채권가격 하락)에 본격적으로 노출되기 때문에 가능하면 국채(펀드)투자를 하지 않거나, 또는 만기가 짧은 채권펀드에 투자하는 것이 바람직하다.

〈도표 6-9〉는 금리인상기(2004~2006년)의 채권만기별 국채투자 수익률을 보여주는 자료이다. 같은 기간 동안 중기 혹은 장기 국채ETF 수익률 변동성은 심하게 요동치고 있다. 반면에 단기국채ETF는 금리인상기임에도 불구하고 매우 꾸준한 성과를 기록하고 있다. 이를 보면 단기국채가 경기상승기에 자금을 일시적으로 예치하는 역할을 훌륭하게 한다는 것을 알 수 있다.

투자적격채권

투자적격채권 금리는 국채금리에 가산금리가 추가되는 구조이다. 국채와 비교하면 이자수익이 좀 더 높고 이자율위험은 상대적으로 국채보다는 작다. 가산금리가 있어 약간의 이자율위험에 완충판 역할을 해주기 때문이다. 그러나 국채펀드와 마찬가지로 투자적격채권도 본격적으로 금리가 상승하면 이자율위험에 노출된다. 경기상승 초기에는 투자해도 괜찮지만, 경기상승 중반 무렵부터는 투자적격채권도 본격적으로 이자율위험에 노출될 가능성이 높다. 즉 경기후반기에 들어갈수록 투자적격채권에 대한 기대수익이 점점 작아진다.

하이일드채권(투자부적격채권)

경기가 회복되면 투기채권의 부도위험이 줄어들기 때문에, 신용등급이 낮은 채권에 대한 수요가 증가해 가격이 상승한다. 그래서 하이일드(고수익)채권은 경기상승기 투자에 가장 적합한 채권자산이다. 경기상승 초기 국면에 가장 큰 수익이 났는데, 경기저점을 지나고 회복되는 첫해(2003년, 2009년)에 위험프리미엄인 가산금리가 가장 큰 폭으로 축소되기 때문이다 (〈도표 6-10〉).

따라서 경기회복 초기에 하이일드(고수익)채권 가격이 가장 많이 상승하게 된다. 〈도표 6-11〉을 보자. 경기회복 초기인 2003년과 2009년에 하이일드채권펀드 연간 수익률은 각각 28%, 58%로, 주식 못지않다는 것을 알 수 있다. 일반투자자 입장에서 경기회복이 확인되면 하이일드채권이 매우 좋은 투자대안이 된다.

하이일드 가산금리 추이

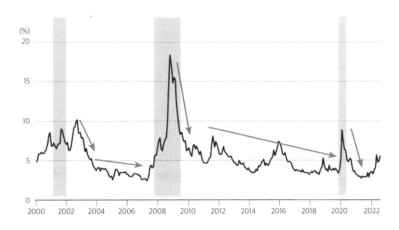

• 자료 : Bloomberg, 회색 부분은 경기침체 구간

경기상승기 하이일드채권 투자수익률

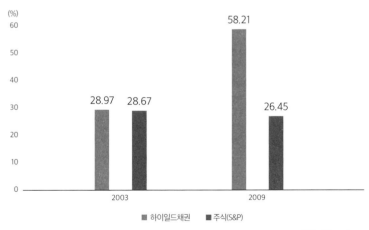

• 자료 : Bloomberg

경기상승 초기에는 듀레이션이 긴 하이일드채권을 투자하면 이자수익뿐만 아니라, 가산금리 감소로 인한 가격상승으로 자본차익도 최대한 얻을 수 있다. 그러나 경기상승 중반 이후에는 본격적인 긴축(금리인상)이 시작되기 때문에 하이일드채권펀드도 이자율위험에 노출되기 시작한다. 그러므로 가능하면 듀레이션이 짧은 채권에 투자하는 것이 바람직하다.

이머징채권

외화(달러)표시 이머징채권은 경기상승기에는 채권 가산금리가 축소되어 채권가격이 상승한다. 그렇기 때문에 하이일드채권과 동일한 관점으로 투자하는 것이 바람직하다. 경기상승 후반기에도 하이일드채권과 마찬

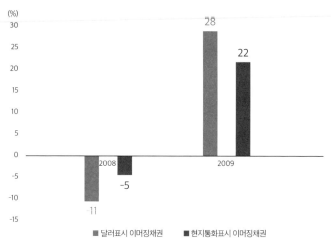

도표 6-12 2008~2009년 이머징채권 수익률

• 자료 : JPM EMBI Global Diversified Index, JPM GBI-EM Global Diversified Index

가지로 이자율위험을 감안해 투자해야 한다. 현지통화표시 이머징채권은 경기상승기에는 투자국 경제가 개선되어서 통화도 강세 기조로 연결된다. 그러므로 현지통화표시 이머징채권은 경기상승기에는 높은 이자수익과 통화차익까지 기대할 수 있는 좋은 투자대안이다.

〈도표 6-12〉는 경기침체기(2008년)와 경기상승으로 전환된 시기(2009년)의 이머징채권 수익률을 보여준다. 경기침체기에는 달러표시 이머징채권과 현지통화표시 이머징채권 모두 부정적인 수익을 기록했다. 반면에 경기저점을 지난 시점에는 달러표시와 현지통화표시 이머징채권 모두 좋은 수익을 기록했다. 따라서 이머징채권은 하이일드채권과 함께 경기상승기에 투자할 수 있는 훌륭한 채권투자 대안이다.

4. 경기상황별
채권투자전략

경기상황별 각 채권의 투자 및 매매 타이밍을 정리하면 〈도표 6-13〉과 같다. 모든 경기사이클마다 투자할 수 있는 채권은 있으나, 동일한 경기사이클에서도 채권별로 성과가 달라질 수 있다. 그러므로 각 채권의 특징을 정확하게 파악해 경기상황에 부합하는 채권에 투자해야 한다.

- **경기하락기** : 국채와 우량채권 위주로 투자해야 하며, 등급이 낮은 하이일드채권이나 이머징채권은 피하는 것이 바람직하다.
- **경기상승기** : 경기회복 수혜를 보는 하이일드채권과 이머징채권 위주로 투자해야 한다. 신용등급이 높은 채권은 이자율위험에 직접적 노출되기 때문에 투자를 줄이는 것이 바람직하다.

①

구분	경기하락기			경기상승기		
	이자수익	자본이득	투자전략	이자수익	자본이득	투자전략
국채	○	++	매수	○	−	매도
투자적격채권	○	+	매수	○	중립	중립
하이일드채권	○	−	매도	○	++	매수
이머징채권	○	−	매도	○	+	매수

②

Chapter 6. 경기상황에 따른 채권투자 노하우

●●●

Chapter 7

평안함을 추구하는 투자자의
베스트, 투자적격채권

●●●

채권에 투자하는 가장 중요한 이유는 시장변동과 관계없이 예금처럼 꾸준한 이자수익을 기대하기 때문이다. 그러나 실제로 채권투자를 하다 보면 2가지 어려움에 부딪힌다. 첫째, 경기변동과 관계없이 꾸준한 수익을 기대할 수 있는 채권을 골라내는 문제다. 둘째, 시장변동에 관계없이 투자자가 원하는 일정한 수익을 얻을 수 있는 투자기간을 결정해야 하는 문제다. 이 어려움을 해결할 수 있는 가장 적합한 방법은 투자적격 채권에 투자해 최대한 장기간 보유하는 것이다. 이것이야말로 경기변동 영향을 최소화하면서 일정한 수익을 얻을 수 있는 방법이다.

●●●

1.투자적격채권,투자포트폴리오의
핵심자산 및 방어자산 역할을 한다

투자적격채권은 글로벌 채권시장에서 규모가 가장 큰 시장이다. 기본적인 채권자산으로 국채를 포함한 우량채권을 지칭한다. 투자자들이 채권에 기대하는 기본적인 기능, 즉 경기하락기 방어자산 역할에 충실한 채권자산이라고 할 수 있다.

〈노표 7-1〉은 1990년 이후 미국 투자적격채권의 연도별 수익률이다. 과거 33년 동안 마이너스를 4번 기록했으나, 전체 구간에서는 연평균 5.7% 수준의 양호한 투자수익률을 기록했다. 이 기간은 4번의 경기침체와 경기상승을 포함하고 있다. 장기간 성과로 볼 때 투자적격채권은 예금대안 역할을 하는 적절한 투자자산이다.

〈도표 7-2〉를 보자. 경기하락기 5년간 주식이 하락하는 동안, 2004년을 제외하고 한 번도 마이너스 수익률을 기록한 적이 없다. 그뿐만 아니라 평균 5%의 수익으로 예금대안 역할을 여전히 보여주고 있다. 투자적격채권은 경기하락기에 훌륭한 투자자산이라 할 수 있다.

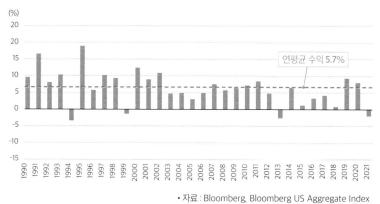

• 자료 : Bloomberg, Bloomberg US Aggregate Index

도표 7-2   경기하락기 투자적격채권 수익률

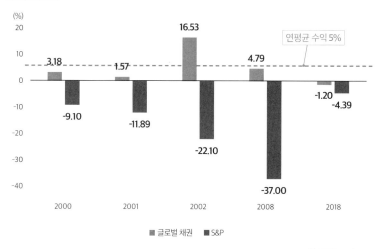

• 자료: Bloomberg

●●●

2. 투자적격채권, 글로벌국채를 포함하는 가장 큰 채권섹터이다

투자적격채권지수는 전 세계적으로 크게 2가지가 가장 많이 활용되고 있다. 바로 글로벌 투자적격채권^{Barclays Global Aggregate Index}지수와 미국 투자적격채권^{Barclays US Aggregate Index}지수이다. 일반적으로 채권자산을 통칭할 때는 투자적격채권지수를 지칭하는 것이다.

〈도표 7-3〉은 지난 20년간(2003.03.28~2023.03.28) 주요 주식지수와 채권지수의 수익과 변동성을 측정한 것이다. 도표를 보면 글로벌 투자적격채권지수와 미국 투자적격채권지수가 변동성은 낮으면서 안정적인 수익을 제공함을 알 수 있다. 글로벌 투자적격채권지수와 미국 투자적격채권지수를 자세히 살펴보면 다음과 같다. 참고로 글로벌 투자적격채권지수와 미국 투자적격채권지수의 구성은 〈도표 7-4〉와 같다.

• 글로벌 투자적격채권^{Barclays Global Aggregate Index}**지수**

1. 선진국, 이머징 모두 포함한 다국적 국채, 준정부채, 회사채, 자산담

지난 20년간 주요 자산별 수익과 변동성

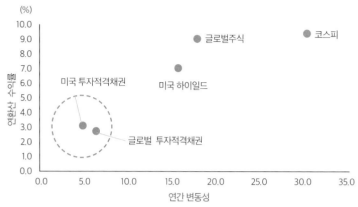

- 자료 : Bloomberg, Bloomberg US Agg Index, Bloomberg Global Agg Index, Bloomberg US High Yield Index, MSCI ACWI Index, KOSPI Index

도표 7-4　미국 투자적격채권과 글로벌 투자적격채권의 비교

미국 투자적격채권지수

글로벌 투자적격채권지수

- 자료 : Bloomberg, Bloomberg US Agg Index (2023.03.28 기준)
- 자료 : Bloomberg, Bloomberg Global Agg Index (2023.03.28 기준)

보부 채권 등 현지통화표시로 발행된 투자적격채권들로 구성

2. 세부내역

　① 구성 : 국채 53%, 자산담보부 채권 20%, 우량회사채 18%, 기타 9%

　② 지역 : 북미 44%, 유럽 28%, 아시아 태평양 27%, 기타 1%

• 미국 투자적격채권^{Barclays US Aggregate Index}**지수**

1. 달러표시 미국 투자적격채권으로 구성

2. 국채, 정부 관련채, 투자적격 회사채, MBS, ABS, CMBS로 구성

3. 세부구성 : 미국 국채 41%, 자산담보부 채권(MBS, ABS, CMBS) 31%, 우
   량회사채 23%, 기타 5%

과거 16년간(2007.01.01~2022.12.31) 채권종류별 성과는 〈도표 7-5〉와 같
다. 이 도표에서 확인할 수 있듯 지난 16년간 글로벌 투자적격채권과 미국
투자적격채권 지수는 매우 비슷한 성과를 보여주었다. 글로벌 투자적격지
수는 연평균 3.3%, 미국 투자적격채권지수는 연평균 4.1%의 수익률을 기
록했다.

투자적격채권은 신용등급이 낮은 고수익 채권(하이일드채권) 및 이머징
현지통화표시 채권과는 성과 차이가 크게 난다. 특히 리먼브라더스 사태
가 발생한 2008년의 성과가 그렇다. 같은 채권자산이지만 하이일드채권과
이머징채권은 주식과 비슷하게 마이너스 수익을 기록한 반면에, 글로벌
투자적격채권과 미국 투자적격채권은 매우 양호한 성과를 보여주었다.

일반적으로 해외채권펀드를 투자할 때는 벤치마크^{Benchmark}로 활용되는

채권지수를 먼저 확인해야 한다. 벤치마크를 정확히 알면 투자하려는 채권의 특징을 정확하게 알 수 있기 때문이다. 전 세계적으로 가장 많이 활용되는 벤치마크 채권지수는 〈도표 7-6〉을 참고하면 된다.

주요 채권지수 성과

(단위 : %)

연도	글로벌 투자적격채권	미국 투자적격채권	미국 하이일드채권	이머징 현지통화채권
2007	9.5	7.0	1.9	18.1
2008	4.8	5.2	-26.2	-5.9
2009	6.9	5.9	58.2	21.7
2010	5.5	6.5	15.1	15.4
2011	5.6	7.8	5.0	-2.0
2012	4.3	4.2	15.8	17.5
2013	-2.6	-2.0	7.4	-8.3
2014	0.6	6.0	2.5	-5.2
2015	-3.2	0.5	-4.5	-14.3
2016	2.1	2.6	17.1	10.0
2017	7.4	3.5	7.5	14.7
2018	-1.2	0.0	-2.1	-6.9
2019	6.8	8.7	14.3	10.1
2020	9.2	7.5	7.1	3.5
2021	-4.7	-1.5	5.3	-9.2
누적수익	62.4	82.1	178.2	37.7
연평균	3.3	4.1	7.1	2.3

• 자료 : Bloomberg, Bloomberg US Agg Index, Bloomberg Global Agg Index, Bloomberg US High Yield Index, JPM GBI-EM Index

도표 7-6 **벤치마크 채권지수**

주요 글로벌채권지수	투자대상	신용등급
Barclays Global Aggregate Index	글로벌 투자적격채권	BBB 이상
Barclays US Aggregate Index	미국 투자적격채권	BBB 이상
Bloomberg US HY Index	미국 하이일드채권	BB 이하
JPM GBI-EM Index	이머징 현지통화채권	등급제한 없음
JPM EMBI Index	이머징 외화표시채권	등급제한 없음

3. 투자적격채권,
주식과 상호보완적 관계다

채권투자수익은 시간가치인 이자수익과 자본손익으로 구성된다. 경기하락기에는 이자수익뿐만 아니라 시장금리 하락으로 자본차익을 얻을 수 있다. 반면에 경기상승기에는 이자수익이 있지만, 시장금리 상승에 따른 자본손실이 발생한다. 투자적격채권이 가장 안전한 국채임에도 불구하고 이자율위험이 발생해 일시적으로 원금손실 가능성에 노출되는 것이다.

〈도표 7-7〉은 글로벌투자적격채권과 주식의 지난 26년간 성과를 비교한 것이다. 도표를 보면 채권지수는 주식에 비해 상대적으로 꾸준한 성과를 보여주고 있다. 주식 성과가 저조한 연도에는 상대적으로 우수한 성과를 보이고, 반대로 주식 성과가 우수한 연도는 채권이 상대적으로 저조한 성과를 보여주고 있다. 즉 투자적격채권과 주식은 상호보완적 성격이 있다고 할 수 있다.

도표에서 점선으로 표시한 부분은 주식이 마이너스 성과를 보인 연도이다. 해당 부분에서 신용등급이 높은 투자적격채권의 수익이 연 10%에 육

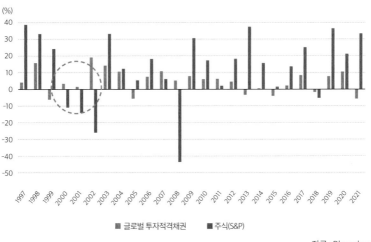

도표 7-7 주식과 채권의 연도별 수익률 비교

■ 글로벌 투자적격채권   ■ 주식(S&P)

• 자료 : Bloomberg

박할 정도로 우수한 성과를 내고 있음을 알 수 있다.

투자적격채권은 지난 47년간 연간 기준으로 5차례(미국 5회, 글로벌 5회)
원금손실을 기록했다. 하지만 투자기간을 길게 할수록 원본손실 위험이
없어지고 양호한 수익을 제공했다. 〈도표 7-8〉은 글로벌 투자적격채권
의 투자기간을 1년, 3년, 5년으로 했을 경우 투자수익률과 연평균 수익률
그래프이다.

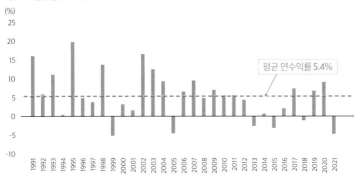

도표 7-8 기간별 수익률 비교

① 1년 투자_연환산 수익

(%)

평균 연수익률 5.4%

② 3년 투자_연환산 수익

(%)

평균 연수익률 5.2%

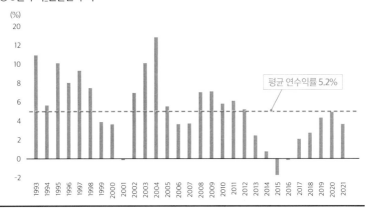

③ 5년 투자_연환산 수익

(%)

평균 연수익률 5.1%

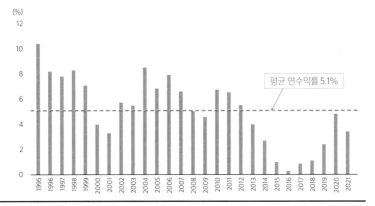

• 자료 : Bloomberg, Barclays Global Aggregate Index, (2022년 말 기준)

4. 투자적격채권의 가장 큰 위험, 시장금리 상승이다

국채 위주 투자적격채권의 가장 큰 위험은 이자율위험이다. 경기가 본격적으로 회복되어 시장금리가 상승하면 가격이 하락하는 위험에 노출되는 것이다. 이자율위험의 완충판 역할을 하는 가산금리가 상대적으로 적어 가장 쉽게 이자율위험에 노출된다.

〈도표 7-9〉는 지난 26년(1997~2022년) 중 투자적격채권이 최저수익을 기록한 연도의 채권수익률과 주식수익률을 보여주고 있다. 도표를 보면 투자적격채권이 원금손실을 기록한 연도의(2022년 제외) 주식수익률은 매우 우수함을 알 수 있다. 즉 경기상승에 따라 위험자산 수요가 커지면서 안전자산 역할을 하는 높은 신용등급채권(국채 또는 준정부채)에 대한 투자를 회피하게 되어, 채권가격은 하락하고 국채금리는 상승하게 된다.

〈도표 7-10〉과 〈도표 7-11〉은 투자적격채권이 총 4차례 중 두 차례 원금손실을 본 연도의 미국 10년 만기 국채금리 추이다(최근 2021년, 2022년 미국 10년 만기 국채금리는 직접 확인해보길 바란다). 1999년에 미국 시장금리인

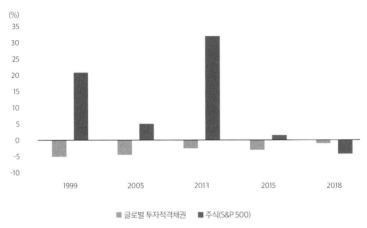

도표 7-9 투자적격채권이 원금손실을 기록한 연도의 채권 및 주식 수익률 비교

(%)

■ 글로벌 투자적격채권   ■ 주식(S&P 500)

• 자료 : Bloomberg

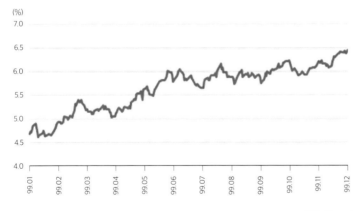

도표 7-10 1999년 미국 10년만기 국채금리 추이

(%)

• 자료 : Bloomberg

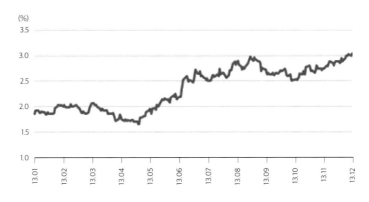

도표 7-11   2013년 미국 10년만기 국채금리 추이

• 자료 : Bloomberg

10년만기 국채금리가 4.5%에서 연말에는 6.5%까지 상승해 투자적격채권 수익은 -1% 수준의 원금손실을 보았다. 2013년에는 연초에 국채 시장금리 가 2% 내외에서 연말에는 3% 수준으로 상승해 투자적격채권이 연 -2% 정 도의 손실을 보았다. 그래프에서 보듯이 국채금리가 1년간 1~2% 가량 급 등해 채권투자수익이 손실을 본 것이다(2021년, 2022년도 마찬가지로 미국 10년 만기 국채금리가 0.6%, 2.4% 정도 상승했다). 따라서 투자적격채권은 시장금리가 상승해 채권가격이 하락하는 이자율위험을 반드시 고려해야 한다.

투자적격채권에서 신용위험은 크게 신경 쓰지 않아도 된다. 투자적격채 권은 국채 위주의 신용등급이 높은 채권이기 때문에, 부도위험과 가산금 리 확대위험은 중요 고려사항이 아니다. 통화위험도 마찬가지다. 투자적 격채권은 주로 미국국채 중심으로 투자하므로, 글로벌 투자자 입장에서는 통화위험이 크다고 볼 수는 없다.

국내투자자 입장에서도 마찬가지다. 일반적으로 미국 채권펀드에 투자하는 대다수의 경우, 펀드는 환율변동위험을 제거하기 위해 원달러 헤징을 해서 상품을 운용한다. 그래서 통화위험은 투자의 중요 위험이 아니다. 하지만 펀드에 투자하기 전에는 반드시 펀드의 환헤징 여부를 체크해봐야 한다.

5. 투자적격채권,
경기하락기에 투자하라

신용등급이 높은 채권인 투자적격채권은 경기가 둔화되거나 침체하는 시기에 훌륭한 투자대안이 된다. 〈도표 7-13〉을 보면 경기하락기 동안 주식은 하락한 반면, 투자적격채권의 수익률은 평균 5%로 양호한 수익을 보여주고 있다. 따라서 경기사이클상 투자적격채권의 투자시점은 경기하락기가 적합하며, 이를 정리하면 다음과 같다.

경기하락 → 안전자산 선호현상 → 국채수요 증가
→ 금리하락 → 채권가격 상승 → 자본이득

즉 경기가 둔화되면 안전자산 선호현상이 발생하고, 안전자산인 국채를 포함한 우량채권자산에 대한 수요가 커지면서 채권금리는 하락하고 채권 가격은 상승하게 된다. 그러므로 경기하락기에 투자적격채권에 투자하면 시간가치인 이자수익과 가격상승에 따른 자본이득까지 추가로 발생한다.

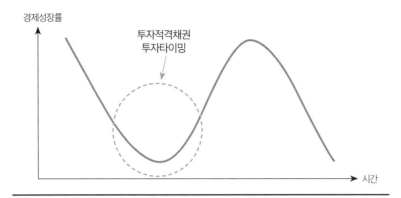

도표 7-12   경기사이클과 투자적격채권의 투자타이밍

경제성장률

투자적격채권
투자타이밍

시간

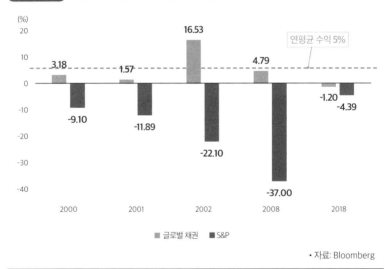

도표 7-13   경기하락기 투자적격채권 수익률

(%)

연평균 수익 5%

3.18   1.57   16.53   4.79   -1.20
-9.10   -11.89   -22.10   -37.00   -4.39

2000   2001   2002   2008   2018

■ 글로벌 채권   ■ S&P

• 자료: Bloomberg

매우 우수한 수익을 거둔다고 할 수 있다.

반대로 경기회복시기에는 점진적인 이자율위험, 금리상승에 따른 채권

가격 하락위험에 노출된다. 그렇기 때문에 경기상승기에는 가능하면 신용등급이 높은 채권투자를 피해야 한다. 한마디로 경기가 회복하면 위험자산인 주식에 대한 선호는 높아지는 반면, 안전자산인 우량채권 수요는 감소해 채권가격이 하락하게 된다. 물론 경기상승 국면에도 자본손실위험을 최소화해 이자수익에만 집중하는 방식으로 투자적격채권에 투자할 수 있다. 투자적격채권 투자방법을 정리하면 다음과 같다.

- 투자적격채권은 경기하락기에 투자하는 것이 적합하며, 경기상승기에는 투자를 회피해야 한다.
- 경기상승 기간 중 일시적으로 경기 불확실성이 발생하면, 초단기채권에 투자해 예금 대신 활용하는 것이 가능하다.
- 경기하락기에는 가능한 장기채권(긴 듀레이션)에 투자해 자본이득을 극대화하고, 경기상승기에는 가능한 단기채권(짧은 듀레이션)에 투자해 이자율위험 노출을 최소화해서 이자수익을 추구해야 한다.

- ## 전 세계에서 가장 규모가 큰 투자적격채권펀드
  ### : 핌코 토탈리턴 채권펀드

1. 펀드 개요

펀드명	핌코 토탈리턴 채권펀드
특징	전 세계에서 가장 큰 채권펀드
운용사	알리안츠 운용
벤치마크	Barclays US Aggregate Index
설정연도	1987
듀레이션	5.81년
신용등급	AA
이자수익(Yield)	4.43%
운용규모	50~100조 원

• 2022년 12월 말 기준

2. 연도별 펀드성과

(단위 : %)

구분	2007	2008	2009	2010	2011	2012	2013	2014	2015	2016	2017	2018	2019	2020	2021	10년간 누적 수익률
핌코 토탈리턴 채권펀드	9.1	4.8	13.8	8.8	4.2	10.4	-1.9	4.7	0.7	2.6	4.7	-0.6	7.89	8.5	-1.2	76.5
Barclays US Agg Index	7.0	5.2	5.9	6.5	7.8	4.2	-2.0	6.0	0.5	2.6	3.5	0.0	8.7	7.5	-1.5	62.1
벤치마크 대비 초과성과(%)	2.1	-0.4	7.9	2.3	-3.6	6.2	0.1	-1.3	0.2	0.0	1.2	-0.6	-0.8	1.0	0.3	14.4

• 주요 미국국채ETF

1. iShares 1-3 Year Treasury Bond ETF(SHY)

① 2002년에 블랙록^{BlackRock}에서 운용하기 시작했으며, Barclays U.S. 1-3 Year Treasury Bond Index 성과를 추종하며, 특히 미국단기국채에 투자하는 ETF이다.

② 현재 운용규모는 약 36조 원(278억 달러)이며 듀레이션은 1.85년, 평균만기는 1.92년, 만기수익률은 4.07%, Expense Ratio는 0.15%이다.

③ 듀레이션이 짧고, 부도가능성은 매우 낮아 유동성 운용에 적합하다.

④ 수익과 변동성

연수익					변동성
2018	2019	2020	2021	2022	3년
1.5%	3.4%	3.0%	-0.7%	-3.8%	**1.2%**

• 2023년 3월 말 기준

2. SPDR Barclays Intermediate Term Treasury ETF(ITE)

① 2007년에 스테이트 스트릿 글로벌 투자자문^{State Street Global Advisors}이 운용하기 시작했으며, Barclays Intermediate U.S. Treasury Index 성과를 추종하며, 미국 1~10년 만기국채에 운용하는 ETF다.

② 듀현재 운용규모는 약 7조 원(56억 달러)이며 듀레이션은 5.41년, 평균만기는 5.71년, 만기수익률은 3.63%, 평균 신용등급은 AA+, Expense Ratio는 0.06%이다.

③ 안전자산으로 미국 중기국채에 투자하려는 투자자에게 적합하다.

④ 수익과 변동성

연수익					변동성
2018	2019	2020	2021	2022	3년
2.4%	6.1%	7.5%	-2.6%	-10.1%	**3.9%**

• 2023년 3월 말 기준

3. Vanguard Long-Term Government Bond ETF

① 2009년부터 뱅가드^{Vanguard}에서 운용하였으며 Barclays U.S. Long Government Float Adjusted Index 성과를 추종하며, 10년 이상 장기국채에 주로 투자하는 ETF이다.

② 현재 운용규모는 약 6조 원(49억 달러)이며 듀레이션은 16.47년, 평균 만기는 23.6년, 만기수익률은 3.86%, 평균 신용등급은 AA+, Expense Ratio는 0.04%이다. 시장금리 변화에 매우 민감하게 수익이 영향을 받는다.

③ 수익과 변동성

연수익					변동성
2018	2019	2020	2021	2022	3년
-0.5%	13.6%	16.5%	-4.9%	-27.7%	**15.8%**

• 2023년 3월 말 기준

• 투자적격(IG) 회사채ETF

1. Vanguard Short-Term Corporate Bond ETF(VCSH)

① 뱅가드^{Vanguard}가 운용하는 미국 단기회사채ETF이다.

② ETF는 Barclays U.S. 1-5 Year Corporate Bond Index 성과를 추종하는 것으로, 현재 운용규모는 약 49조 원(375억 달러)이며 듀레이션은 2.68년, 평균만기는 2.91년, 만기수익률은 5.23%, 평균 신용등급은 BBB+, Expense Ratio는 0.04%이다.

③ 단기회사채ETF는 미국 연준리 금리정책에 상대적으로 덜 민감하게 영향을 받는 것이 장점이다.

연수익					변동성
2018	2019	2020	2021	2022	3년
1.0%	7.0%	5.1%	-0.6%	-5.5%	**4.8%**

• 2023년 3월 말 기준

2. Vanguard Intermediate-Term Corporate Bond ETF(VCIT)

① 뱅가드^{Vanguard}에서 운용하는 미국 중기회사채에 투자해 Barclays U.S. 5-10 Year Corporate Bond Index 성과를 추종하는 ETF다.

② 현재 운용규모는 약 52조 원(398억 달러)이며 듀레이션은 6.32년, 평균만기는 7.42년, 만기수익률은 5.14%, 평균 신용등급은 BBB+, Expense Ratio는 0.04%이다.

연수익					변동성
2018	2019	2020	2021	2022	3년
-1.5%	13.9%	9.3%	-1.6%	-13.4%	**7.4%**

• 2023년 3월 말 기준

3. iShares iBoxx $ Investment Grade Corporate Bond ETF(LQD)

① 블랙록^{BlackRock}이 2002년에 설정하여 운용하고 있는 전 세계에서 가장 큰 회사채ETF이다.

② 현재 운용규모는 약 46조 원(344억 달러)이며 듀레이션은 8.76년, 평균만기는 13.77년, 만기수익률은 5.30%, Expense Ratio는 0.14%이다.

③ Markit iBoxx USD Liquid Investment Grade Index 성과를 추종하는 ETF이다.

연수익					변동성
2018	2019	2020	2021	2022	3년
-3.1%	17.0%	10.7%	-1.3%	-17.1%	**11.2%**

• 2023년 3월 말 기준

Chapter 8

● ● ●

연 50% 이상 수익을 내는
고수익 채권펀드도 있다

● ● ●

주식변동성은 싫지만, 주식수익성을 원하는 투자자들이 할 수 있는 채권은 없을까? 혹은 주식처럼 경기상승기에 투자할 수 있는 채권은 없을까? 답은 간단하다. 바로 투자부적격채권에 투자하는 것이다. 투자부적격채권은 채권이지만 투자수익이 높게 나온다고 해서 일반투자자들에게 고수익 채권 혹은 하이일드채권으로 알려져 있다. 8장에서는 고수익을 내는 채권(펀드)을 알아보겠다.

1. 하이일드채권,
경기상승기에 적합한 채권이다

일반적으로 채권투자는 경기하락기에 투자하고 경기상승기에 회피하는 것이 원칙이다. 하지만 투자영역을 글로벌로 확대하면 경기상승기에도 투자할 수 있는 채권이 있다. 바로 하이일드채권이다. 이 채권은 경기상승 국면 초기에는 주식 못지않은 고수익을 제공한다.

〈도표 8-1〉은 경기침체 이후 첫 번째 년노의 하이일드채권 및 미국수식의 수익률이다. 경기저점에서 회복되는 첫해의 주식 성과는 경기상승 국면 중 가장 높은 수익을 실현했다. 흥미로운 점은 동일한 연도의 하이일드채권 성과가 주식과 비슷하게 우수한 성과를 보였다는 점이다.

특히 리먼브라더스 사태 이후 하이일드채권 성과는 미국 주식시장 성과의 2배에 육박한다. 이렇게 경기상승 초기 하이일드채권의 성과가 탁월한 이유는 하이일드채권이 주식과 비슷하게 경기상황에 민감하게 영향을 받는 채권섹터이기 때문이다.

그렇다면 하이일드채권은 어떤 채권일까? 지금부터 알아보도록 하자.

경기침체기 이후 첫 번째 연도의 하이일드채권 성과

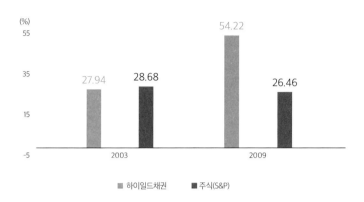

(%)

- 하이일드채권　■ 주식(S&P)

• 자료 : 블룸버그, ML HY 성과, S&P500

●●●

2. 하이일드채권,
투자부적격채권이다

　하이일드채권은 신용등급이 투자부적격인 채권을 지칭하는 것으로, 국내에서는 글로벌 고수익 채권으로 많이 알려져 있다. S&P나 무디스 기준으로 BB 이하 신용등급을 받은 기업이 발행하는 채권이다. 〈도표 8-2〉에서 보면 BBB 이상 채권은 투자적격채권으로, BB 이하 채권은 투자부적격채권으로 구분된다. 하이일드채권은 신용등급이 낮기 때문에 높은 이자수익을 제공하지만, 부도위험은 투자적격채권보다 높다. 역사적으로 하이일드채권은 동일 만기국채 대비 4~6% 정도의 가산금리가 붙는다. 그래서 일반적인 하이일드채권의 이자수익은 6~10%대로 고수익을 제공하고 있다.

하이일드채권금리
= (동일만기)국채 시장금리 + (발행기업)가산금리

도표 8-2	채권 신용등급과 채권의 구분			
채권 신용등급		채권구분	위험의 정도
무디스	S&P		
Aaa	AAA	투자적격	가장 낮은 위험
Aa	AA	투자적격	저위험
A	A	투자적격	저위험
Baa	BBB	투자적격	중위험
Ba/B	BB/B	투자부적격	고위험
Caa/Ca/C	CCC/CC/C	투자부적격	가장 위험한 등급
C	D	투자부적격	부도 상태

하이일드채권은 채권 중 가장 고수익을 제공하지만, 신용등급이 낮아 상대적으로 부도가능성이 높은 기업에 투자한다. 그래서 일반투자자는 개별채권에 투자하는 것보다 전문적인 펀드매니저가 위험관리를 하면서 운용하는 하이일드채권펀드에 투자하는 것이 바람직하다. 따라서 지금부터는 하이일드채권은 개별채권 형태가 아닌 펀드형태로 투자되는 것으로 가정하고 설명하겠다.

투자자가 꼭 알아둬야 할 하이일드채권의 특징이 있다. 하이일드채권은 일반 채권과 달리 주식과 상관성이 높아 경기상승 국면에 성과가 좋고, 경기하락 국면에는 원금손실 위험에 노출된다. 따라서 하이일드채권의 투자타이밍은 경기저점을 통과해 경기회복이 시작될 때가 최적이다(<도표 8-3>). <도표 8-4>는 하이일드채권의 연도별 수익률 자료다.

경기사이클과 하이일드채권의 투자타이밍

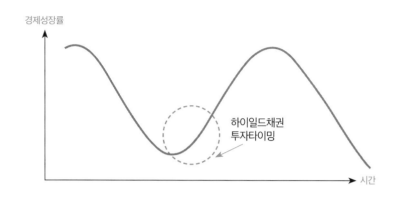

하이일드채권 연도별 수익률

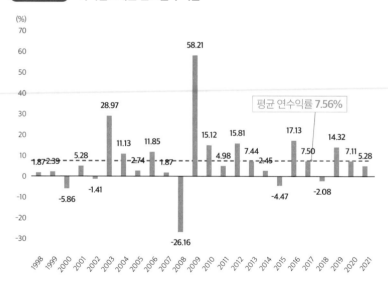

• 자료 : Bloomberg

- 경기침체 이후 경기전환 시점의 성과가 가장 우수하다.

- 경기침체 시에는 채권임에도 불구하고 원금손실 위험이 있다.

- 투자적격채권과 비교하면 성과 변동성이 크다.

- 투자적격(연 5%)채권과 비교하면 평균수익(연 8%)이 높다.

- 경기상승 국면에서 성과가 우수하다.

••••

3. 하이일드채권 수익,
가산금리에 좌우된다

하이일드채권의 수익구조는 다음과 같다.

총수익 = 이자수익 + 자본손익(가격변동)

앞의 수식에서 알 수 있듯이 하이일드채권가격은 가산금리에 많은 영향을 받는다. 일반적으로 가산금리가 축소되면 하이일드채권가격이 상승하고, 가산금리가 상승하면 하이일드채권가격은 하락한다. 하이일드채권가격과 가산금리 관계를 정리하면 다음과 같다.

- 가산금리 상승 → 하이일드 금리상승 → 하이일드채권 가격하락
- 가산금리 하락 → 하이일드 금리하락 → 하이일드채권 가격상승

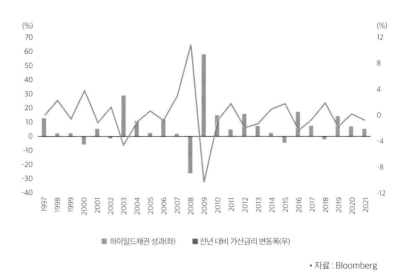

하이일드채권 수익과 가산금리의 연간 변동폭

ㅁ 하이일드채권 성과(좌)　　ㅁ 전년 대비 가산금리 변동폭(우)

• 자료 : Bloomberg

　실제 가산금리 변동과 하이일드채권의 성과가 어떤 관계가 있는지 〈도표 8-5〉에서 확인해보자. 도표에도 나와 있듯이 일반적으로 가산금리와 하이일드채권 성과는 반비례 관계이다. 그래프는 하이일드채권 연간성과와 전년 대비 가산금리 변동폭을 보여주는 자료이다. 가산금리가 증가하면 전반적으로 하이일드 성과가 저조하고, 가산금리가 하락하면 하이일드채권수익이 매우 양호하게 나온다. 따라서 하이일드채권투자에서 가장 중요한 것은 가산금리이다. 이에 대해 정확히 이해하면 가산금리를 하이일드채권 투자지표로 활용할 수 있다.

　이때 가산금리는 발행기업 채권금리와 국채금리 차로 계산되기 때문에 스프레드^Spread라고도 불린다. 가산금리는 개별회사가 채권을 발행할 때

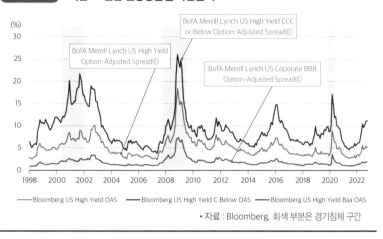

지난 20년간 신용등급별 가산금리

BofA Merrill Lynch US High Yield CCC
or Below Option-Adjusted Spread©

BofA Merrill Lynch US High Yield
Option-Adjusted Spread©

BofA Merrill Lynch US Coporate BBB
Option-Adjusted Spread©

―― Bloomberg US High Yield OAS　　―― Bloomberg US High Yield C Below OAS　　―― Bloomberg US High Yield Baa OAS

• 자료 : Bloomberg, 회색 부분은 경기침체 구간

발행회사의 신용위험에 대한 위험보상 차원에서 국채 대비 추가적인 금리
를 더해 발행하는 금리이다. 신용등급이 낮을수록 가산금리는 커진다.

　이론적으로 가산금리는 개별채권의 위험프리미엄 성격이지만, 실제 전
문가들에게는 채권시장에서 인지되는 시장위험Risk Perception으로 널리 활
용되고 있다. 일반투자자들은 가산금리를 시장위험Market risk으로 해석해
도 무방하다. 경기상황과 가산금리의 관계를 정리하면 다음과 같다.

- 경기상황이 악화 → 시장위험이 증가하여 가산금리 확대
- 경기상황이 개선 → 시장위험이 감소하여 가산금리 축소

　〈도표 8-7〉은 1990년 이후 미국 투자적격채권 가산금리와 미국 하이
일드채권 가산금리 추이를 보여주는 그래프이다. 지난 28년간 글로벌 경

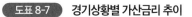

도표 8-7 경기상황별 가산금리 추이

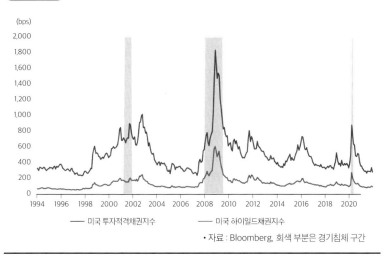

• 자료 : Bloomberg, 회색 부분은 경기침체 구간

제상황과 투자적격채권 및 투자부적격채권의 가산금리 관계를 보여주기도 한다.

그래프를 보자. 두 채권의 가산금리는 모두 경기침체기에 급증했다. 반면에 글로벌경제가 안정되면 가산금리도 안정(축소)된 모습을 보여주었다. 경기변동으로 가산금리는 투자적격채권과 투자부적격채권 모두 같은 방향으로 움직였다. 하지만 하이일드채권의 가산금리가 투자적격채권보다 항상 더 높게 형성되었을 뿐만 아니라 경기변동에 더 민감하게 반응하는 것을 확인할 수 있다.

〈도표 8-8〉은 지난 15년(2007~2021년) 동안 하이일드 가산금리와 하이일드채권 투자수익의 상관관계를 보여주는 자료이다. 특히 하이일드채권 수익은 직전 1년 대비 가격변동률을 보여준다. 도표에서 보듯이 하이일드

하이일드 가산금리와 하이일드 총투자수익의 추이

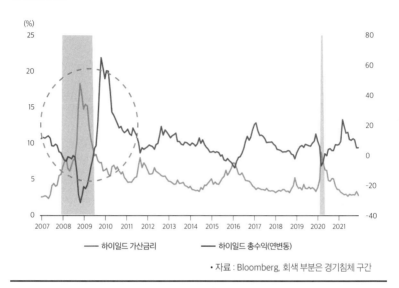

— 하이일드 가산금리　　— 하이일드 총수익(연변동)

• 자료 : Bloomberg, 회색 부분은 경기침체 구간

가산금리와 하이일드채권 수익은 역inverse의 관계이다. 즉 가산금리가 증가하면 하이일드채권 총수익은 하락하고, 반대로 가산금리가 감소하면 하이일드채권 투자수익이 증가한다.

〈도표 8-8〉에서 회색으로 표시된 부분은 리먼브라더스 사태와 코로나 팬데믹 전후를 보여주는 것이다. 2008년 10월에 시장위험이 급증했기 때문에 국채 대비 하이일드 가산금리는 급증했지만, 하이일드채권투자수익은 -26%로 급락했다. 반면 리먼브라더스 사태 이후 회복국면(2009년)에는 가산금리가 급속도로 안정되면서 하이일드채권 투자 총수익이 54%로 매우 높게 나타났다. 2020년 코로나 팬데믹 초반에는 경기 불확실성이 커지면서 하이일드 가산금리가 급증하고, 하이일드채권투자 총수익은 -4~-6%

로 하락했다. 하지만 2020년 중반부터 불확실성이 해소되면서 가산금리가 다시 하락하기 시작했고, 2021년 하이일드채권 총수익은 20%대로 다시 상승했다. 따라서 하이일드채권에 투자할 때는 가산금리 추세를 반드시 확인해야 한다.

- 가산금리가 확대(시장위험 증가)될 것으로 판단되면, 하이일드채권 투자를 피해야 한다.
- 가산금리가 감소(시장위험 감소)될 것으로 판단되면, 하이일드채권 투자에서 양호한 수익을 기대할 수 있다.

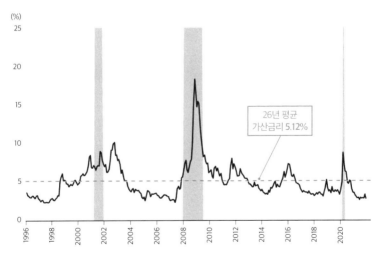

| 도표 8-9 | 미국 하이일드채권 가산금리 추이

26년 평균 가산금리 5.12%

• 자료 : Bloomberg, 회색 부분은 경기침체 구간

| 도표 8-10 | 가산금리 수준별 하이일드채권 매매방법 |

가산금리 수준	하이일드채권 가격	매매방법
8% 이상	저평가	매수기회로 활용
3% 미만	고평가	매도기회로 활용

하이일드채권 투자를 할 때 가장 먼저 체크해야 할 변수는 거시경제 환경이다. 즉 경기회복 국면이면 하이일드채권에 투자하고, 둔화 내지 침체 국면이면 하이일드채권을 환매하거나 피해야 한다. 또한 가산금리 수준으로 하이일드채권의 매매타이밍을 판단할 수도 있다. 〈도표 8-9〉를 보자.

지난 26년간 가산금리 평균은 5% 초반대로 형성되었다. 이러한 데이터를 볼 때, 가산금리 수준이 8% 이상인 경우는 시장이 시장위험을 과도하게 인식하고 있는 것으로 판단해 하이일드채권을 저점 매수할 수 있는 기회로 활용할 수 있다. 반대로 가산금리가 3% 미만으로 내려가면 시장위험이 너무 감소해 하이일드채권이 고평가되어 있는 것으로 판단하고, 투자를 줄이는 것이 바람직하다. 물론 하이일드채권을 매매할 때 다양한 거시경제 변수를 감안해야 하지만, 일반투자자 입장에서는 가산금리 수준으로 하이일드시장을 평가하고 매매하는 것이 더 간단하다(〈도표 8-10〉).

●●●●

4. 하이일드채권의 가장 큰 위험, 경기가 하락하는 것이다

이번에는 하이일드채권의 투자위험을 알아보자.

하이일드채권의 투자위험은 크게 이자율위험과 신용위험으로 나눌 수 있다. 이자율위험^{Interest rate risk}은 시장금리가 상승하면 채권가격이 하락하는 위험으로, 모든 종류의 채권에 해당되는 위험이다. 하이일드채권은 경기상승 초기에는 가산금리라는 완충판이 있기 때문에 상대적으로 이자율위험으로부터 자유롭다. 그러나 경기후반에는 가산금리가 많이 줄어든 상황이 되기 때문에 국채금리 상승에 따른 이자율위험에 점차 노출될 수 있다.

하이일드채권에서 가장 중요한 위험은 신용위험^{Credit risk}이다. 신용위험은 국채가 아닌 가산금리가 있는 회사채에 발생하는 위험이다. 특히 신용등급이 낮은 하이일드채권에는 매우 중요한 투자 고려사항이다.

신용위험은 부도위험^{Default risk}, 신용등급 하락위험^{Downgrade risk}, 유동성위험^{Liquidity risk}, 가산금리 확대위험^{Credit Spread risk}으로 이루어져 있는데, 가

장 신경 써야 할 게 부도위험이다. 개별채권에 투자하는 경우 부도위험이 가장 큰 투자위험이다. 이런 하이일드채권의 부도위험을 개인이 제어하는 것은 거의 불가능하다. 하지만 전문가가 분산투자해 운용하는 하이일드 채권펀드 차원에서 본다면, 개별채권 부도위험은 투자자 입장에서 중요한 고려사항이 아니다.

왜 그럴까? 왜 펀드를 통해 하이일드채권에 투자하면 부도위험을 걱정하지 않아도 되는 걸까? 일반적으로 3가지 요인으로 분석할 수 있다.

① **철저한 종목선택** : 전문가인 펀드매니저가 전체 하이일드채권시장에서 상대적으로 우량한 기업을 선택해 투자한다.

② **잘 발달된 유통시장** : 미국 하이일드시장은 큰 유통시장(약 2,000조 원)이 있어서 투자기업에 문제가 발생하면 유통시장에서 매매를 통해 시장위험 해소가 가능하다. 즉 매니저가 좋은 종목을 발굴해 투자했었으니, 해당 기업의 기업환경이 변화되어 채권에 문제가 발생하면 매니저가 약간의 가격손실은 볼 수 있다. 그러나 유동성이 충분하기 때문에 시장에 매각하는 것에 큰 문제가 없다.

③ **충분한 분산투자** : 200~800종목으로 분산투자하기 때문에 펀드에서 가장 큰 종목의 비중이 1~2% 전후밖에 되지 않는다. 따라서 개별종목이 부도가 나더라도 펀드 전체가 큰 영향을 받지는 않는다.

〈도표 8-11〉과 〈도표 8-12〉는 실제로 외국운용사가 운용하고 있는 하이일드채권펀드들의 상위 10종목 내역이다. 상위 10종목 비중이 1~2%

미국 하이일드펀드 : 블랙록 하이일드펀드 상위 10종목

NAME	Weight(%)
TRANSDIGM INC	2.54
ALLIANT HOLDINGS INTERMEDIATE LLC	1.56
CCO HOLDINGS LLC	1.34
ASCENT RESOURCES UTICA HOLDINGS LLC	1.23
CLARIOS GLOBAL LP	1.14
ALLIED UNIVERSAL HOLDCO LLC	0.97
UBER TECHNOLOGIES INC	0.96
ZAYO GROUP HOLDINGS INC	0.95
MAUSER PACKAGING SOLUTIONS HOLDINGS CO	0.94
BOMBARDIER INC	0.93
Total	12.56

• 자료 : Blackrock
• 2023.2.28 기준

도표 8-12 글로벌 하이일드펀드 : AB 글로벌하이일드펀드 상위 10종목

NAME	Weight(%)
UBS Group AG 7.00%, 01/31/24 - 02/19/25	0.59
Aircastle Ltd. 5.25%, 08/11/25 - 06/15/26	0.44
Altice Financing SA 5.75%, 08/15/29	0.44
Verscend Escrow Corp. 9.75%, 08/15/26	0.41
Veritas US/Veritas Bermuda 7.50%, 09/01/25	0.40
Ford Motor Co. 6.10%, 08/19/32	0.40
Sirius XM Radio, Inc. 4.00%, 07/15/28	0.39
FNMA 16.367%, 08/25/28 - 10/25/28	0.38
Republic of South Africa Govt Intl Bond 5.75%, 09/30/49	0.38
FNMA 14.867%, 01/25/29	0.36
Total	4.19

• 자료 : AllianceBernstein
• 2023.2.28 기준

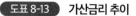

도표 8-13 가산금리 추이

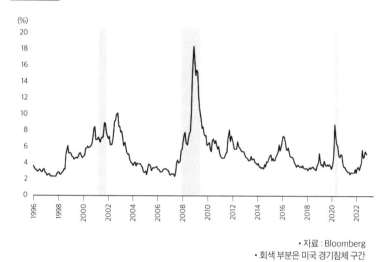

• 자료 : Bloomberg
• 회색 부분은 미국 경기침체 구간

수준이며, 나머지 종목의 비중은 1% 미만이다.

앞에서 일반투자자에게 하이일드채권의 부도위험은 크게 신경쓰지 않아도 된다고 했다. 그럼 채권펀드 투자자가 가장 주목해야 할 투자위험은 무엇일까? 바로 가산금리 확대위험이다. 경기가 악화되면 가산금리가 확대되면서 채권가격이 하락하게 된다. 다시 말해 거시경제 상황이 악화되면 가산금리spread가 확대되므로, 가산금리 확대위험은 개별기업의 위험보다 거시경제의 위험이라고 할 수 있다.

····

5. 하이일드채권과 주식,
상관관계가 높다

　하이일드채권은 신용등급이 낮은 채권이기 때문에 일반적인 투자적격 등급의 채권과는 상당히 다르게 움직인다. 오히려 주식과 비슷한 움직임을 보인다. 실제 과거수익률을 보면 명확하게 두 자산의 상관성을 확인할 수 있다.

　〈도표 8-14〉는 1990~2022년 동안 주식이 하락한 연도의 하이일드채권과 투자적격채권의 연간성과를 보여주는 자료이다. 도표에서 흥미로운 점은 2001년을 제외하고 주식이 하락한 모든 연도에 하이일드채권 투자성과도 마이너스 수익률을 기록했으며, 투자적격채권은 2022년을 제외하고 나머지 연도에는 양호한 수익을 기록했다는 점이다. 경기상황에 따른 수익구조에서 하이일드채권은 주식과 같은 방향으로 움직인다고 볼 수 있다. 따라서 하이일드채권은 주식과 매우 상관성이 높은 자산이다.

　〈도표 8-15〉는 과거 25년간 주요 자산과의 상관관계를 보여주는 자료이다. 그중 하이일드채권Barclay US Coporate HY Index과 주요 주식지수와의 상

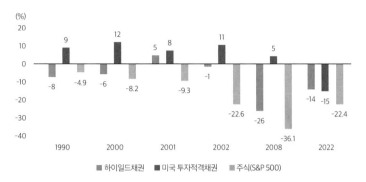

• 자료 : Bloomberg

도표 8-15 하이일드채권과 주요 자산과의 상관성

Data Series	Dow Jones US Select REIT Index	S&P Global ex US REIT Index (gross div.)	MSCI All Country World Index (gross div.)	S&P 500 Index	Barclays US Corporate High Yield Index	Barclays US Govt Bond Index Inter-mediate
Dow Jones US Select REIT Index	1.00000					
S&P Global ex US REIT Index (gross div.)	0.72740	1.00000				
MSCI All Country World Index (gross div.)	0.47044	0.65259	1.00000			
S&P 500 Index	0.43416	0.43918	0.88444	1.00000		
Barclays US Corporate High Yield Index	0.59539	0.60027	0.70756	0.66476	1.00000	
Barclays US Government Bond Index Intermediate	-0.26080	-0.33853	-0.41992	-0.21270	-0.11556	1.00000

• 자료 : Pilotage Private Wealth, 2015

관성을 보여준다. 하이일드채권과 MSCI 글로벌주식은 0.7 정도의 상관성을 보이며, S&P500지수와는 0.67 정도의 상관성을 보인다. 하이일드채권과 2개의 주식지수가 상당히 상관성이 높은 것을 확인할 수 있다.

일반적으로는 상관성이 +1이면 두 자산이 완전히 같이 움직인다는 뜻이며, 상관성이 -1이면 두 자산이 완전히 반대로 움직인다는 뜻이다. 상관성이 0에서 +1 사이에 있다는 것은, 두 자산이 일정 부분 상관성이 있게 움직인다고 볼 수 있다. 특히 MSCI 글로벌주식의 0.7 정도면 상관성이 상당히 높다고 볼 수 있다.

주식과 하이일드채권 간의 상관성이 높은데, 주식보다 나은 하이일드채권의 투자 이점은 무엇일까? 바로 하이일드채권이 주식보다 변동성이 낮

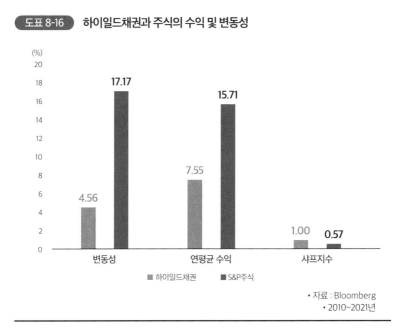

도표 8-16　하이일드채권과 주식의 수익 및 변동성

(%)

- 변동성: 하이일드채권 4.56, S&P주식 17.17
- 연평균 수익: 하이일드채권 7.55, S&P주식 15.71
- 샤프지수: 하이일드채권 1.00, S&P주식 0.57

■ 하이일드채권　■ S&P주식

• 자료 : Bloomberg
• 2010~2021년

하이일드채권과 주식의 연도별 성과

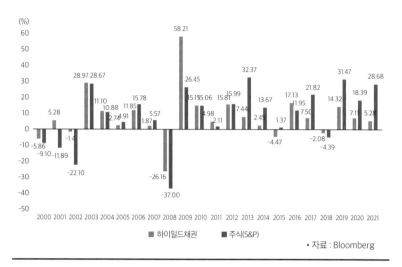

다는 것이다. 〈도표 8-16〉을 보자. 2010~2021년 연평균 수익을 비교해보면, 주식의 연평균 수익이 하이일드채권보다 높으나, 변동성 역시 3배 넘게 차이나 안정적인 수익을 추구하기 어렵다는 것을 알 수 있다. 샤프지수는 위험 대비 초과수익의 정도를 알아내는 지표로, 수치가 높을수록 성과가 우수하다. 주식의 연평균 수익이 하이일드채권보다 2배 높음에도 불구하고, 샤프지수는 하이일드채권이 주식보다 더 높다.

따라서 위험조정수익률risk adjusted return 측면에서 본다면 하이일드채권이 주식보다 우수한 투자대상이라고 할 수 있다. 즉 하이일드채권은 주식보다 변동성은 낮으면서 수익률은 비슷하다는 것이다. 〈도표 8-17〉에서도 이것을 확인할 수 있다. 이 도표는 2000년 이후 하이일드채권과 S&P 주식의 연도별 성과를 정리한 것이다.

●●●

6. 하이일드채권 성과와 유가, 상관성이 있다

주식과 하이일드채권은 유가$^{Oil\ price}$와 상관성이 높다. 유가가 상승하면 하이일드채권에 긍정적이고, 유가가 하락하면 하이일드채권에 부정적이 된다. 왜냐하면 하이일드채권시장에서 가장 큰 섹터가 에너지 관련 기업인데, 하이일드채권시장에서 20~25%를 차지하기 때문이다.

이렇게 에너지기업의 경영성과가 하이일드채권시장에 중요한 영향을 주는데, 에너지기업 경영실적에 가장 큰 영향을 주는 변수 중 하나가 유가 수준이다. 따라서 유가상승은 에너지기업의 실적으로 연결되어, 결국 전체 하이일드시장에 긍정적인 영향을 주게 된다.

또한 유가상승은 원자재가격으로 대변되는 인플레이션이 증가하고 있다는 반증이며, 인플레이션이 상승하면 경제가 정상적으로 회복되고 있다는 의미로도 해석된다. 따라서 시장의 위험프리미엄인 가산금리가 축소되어 하이일드채권 가격이 상승하게 된다.

반대로 유가가 하락하면 하이일드시장에서 큰 비중을 차지하는 에너지

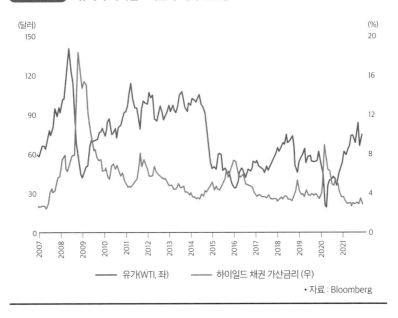

도표 8-18 유가와 하이일드채권 수익의 연관성

유가(WTI, 좌) ——— 하이일드 채권 가산금리 (우)

• 자료 : Bloomberg

기업의 재무상태가 악화되어 위험프리미엄인 가산금리가 증가한다. 가산금리가 증가하면 전체 하이일드금리가 상승하게 되어, 하이일드채권 가격은 하락하게 된다. 즉 유가하락은 하이일드채권시장에 부정적인 영향을 주게 되며, 반대로 유가상승은 하이일드채권시장에 긍정적인 영향을 끼치게 된다.

그러나 최근에는 과거만큼 유가와 하이일드채권의 상관성이 높지 않다. 하이일드채권지수에 통신섹터 비중이 커지면서 에너지 비중이 과거보다 작아졌기 때문이다.

8장에서는 다양한 각도로 하이일드채권을 알아보았다. 하이일드채권 투자방법을 간단히 정리하면 다음과 같다.

- 경기저점을 통과한 시점이 투자하기 가장 바람직한 시점이다.
- 경기저점부터 긴축정책이 시작되는 시점, 즉 경기상승 전반기가 하이일드채권펀드 투자의 적기이다.
- 경기상승 후반기에는 가산금리가 이미 많이 축소되어 있기 때문에 가산금리 감소로 인한 자본이득(가격상승)은 기대하기 힘들다. 그러므로 투자 예상수익은 이자수익(5~7%) 정도 기대하는 것이 타당하다.
- 경기후반기는 이미 가산금리가 충분히 낮아져서 국채금리 상승에 따른 이자율위험에 노출될 가능성이 크다. 따라서 경기전반기 대비 하이일드채권 변동성이 커진다.
- 경기둔화 내지 경기침체기는 가산금리가 확대되고 부도율이 증가하므로 가격하락위험에 노출된다. 그러므로 투자를 회피하거나 환매하는 것이 바람직하다.
- 하이일드채권은 신용등급이 낮아 수익구조가 가산금리 영향으로 주식과 같은 방향으로 움직이지만, 변동성은 주식보다 낮은 수준이다.
- 하이일드채권에 투자할 때는, 유가전망을 확인하고 투자하는 것이 좋다. 유가상승이 예상되면 투자하고, 유가하락이 전망되면 환매하는 것이 바람직하다.

• 해외 하이일드시장은 국내 하이일드시장과 상당히 다르다

1. 개요

① 미국 하이일드시장은 전 세계 하이일드시장의 70%로 규모와 유동성 측면에서 충분히 큰 시장이다. 반면에 국내 하이일드채권시장은 투자하기에 너무 작다.

② 실제로 미국기업은 자금조달의 2/3 이상을 회사채 발행을 통해 융통할 정도로 활성화된 시장이다.

2. 국내시장과 해외시장의 비교

구분	국내 하이일드채권	미국 하이일드채권
시장규모	0.8조 원	2,000조 원 내외
대상기업수	80~100개 내외	2,000개 내외
신용등급 기준	한국신용평가, 한국기업평가 등	S&P, 무디스 등
기본 거래규모	100억 원 이상	1억 원(10만 달러) 이상
기타사항	• 국내 하이일드펀드 미미 (하이일드채권 전용 펀드는 거의 없음) • 하이일드채권 유통시장 미미	• 많은 수의 하이일드펀드 • 다양한 하이일드 투자수단 (벌처펀드, Distressed 펀드 등)

• 자료 : 블룸버그(2016년 12월 말 기준)

3. 국내와 해외의 신용등급 비교

국내 하이일드채권은 국내 신용평가사 등급이며, 글로벌 하이일드채권은 글로벌 신용평가사에서 신용등급을 받는다.

S&P 등급	기업(국내등급)
BBB	페덱스, GS칼텍스(AA+), 현대차(AA+)
BBB-	LG전자(AA)
BB+	포드자동차, SK하이닉스반도체(AA)
B+	굿이어 타이어
B	크라이슬러 그룹, 유나이티드 항공
B-	MGM 리조트, 버거킹
CCC+	델몬트, 리더스 다이제스트, 토이저러스
CCC	바니스 뉴욕

하이일드 등급

• 자료 : 블룸버그(2016년 12월 말 기준), 괄호 안 등급은 국내 신용평가사 기준

• 가장 대표적인 하이일드채권펀드 : AB 글로벌 고수익펀드

1. 펀드개요

펀드명	AB 글로벌 고수익펀드
특징	전 세계에서 가장 큰 하이일드펀드
운용사	얼라이언스번스타인 운용
벤치마크	Barclay Global HY Index
설정년도	1997
듀레이션	4.2년
신용등급	BB
Yield(YTW)	10.46%
종목수	2,039
운용전략규모	28조 원

• 2022년 12월 말 기준

2. 수익률

(단위 : %)

펀드명	2007	2008	2009	2010	2011	2012	2013	2014	2015	2016	2017	2018	2019	2020	2021	16년간 누적수익률
AB 글로벌 고수익펀드	5.8	-32.4	60.8	15.7	0.3	16.3	5.0	1.5	-5.2	13.9	7.3	-5.5	13.4	1.9	2.8	101.7
Bloomberg US High Yield Index	1.9	-26.2	58.2	15.1	5.0	15.8	7.4	2.5	-4.5	17.1	7.5	-2.1	14.3	7.1	5.3	124.5

• 비교지수는 실제 벤치마크와 다소 상이하며, 주로 투자하는 시장지수를 참조

3. 포트폴리오 정보

펀드 기본정보	
평균 듀레이션 (년)	4.27
평균 신용등급	BB
최저수익률 (YTW)	6.23%
보유종목수	2,366

상위 10개 보유 종목	%
Republic of South Africa Govt Intl Bond 5.75%, 9/30/49	0.58
Ukraine Govt Intl Bond 7.75%, 9/01/23 - 9/01/27	0.54
Argentine Govt Intl Bond 1.125%, 7/09/35	0.48
UBS Group 7.00%, 1/31/24 - 2/19/25	0.46
Petroleos Mexicanos 5.95%, 1/28/31	0.46
Veritas US/Veritas Bermuda 7.50%, 9/01/25	0.38
Altice Financing SA 5.75%, 8/15/29	0.37
Dominican Republic Intl Bond 6.00%, 7/19/28	0.37
Aircastle 5.25%, 8/11/25 - 6/15/26	0.32
Verscend Escrow Corp. 9.75%, 8/15/26	0.32
합계	4.28

위의 펀드 기본 정보, 보유 종목 및 자산 배분 내역은 기준일 현재 피투자펀드 기준

업종 배분	%
하이일드	48.25
달러표시 EM 채권	14.41
미국채	12.04
투자등급 회사채	7.38
CMO	4.94
상업용 모기지 담보증권	4.81
우선주	3.99
EM 준정부채	2.15
기타	2.03

통화 배분	%
미달러	100.03
이집트 파운드	0.57
나이지리아 나이라	0.07
도미니카 페소	0.04
영국 파운드	0.04
기타	-0.75

지역별 배분	%
미국	62.51
룩셈부르크	3.94
영국	2.57
브라질	2.15
캐나다	2.09
멕시코	1.40
이집트	1.37
남아프리카 공화국	1.20
스위스	1.10
기타	21.67

신용등급 배분	%
AAA	10.24
AA	0.23
A	0.65
BBB	12.75
BB	29.67
B	28.80
CCC 및 이하	11.38
무등급	5.81
단기투자	0.47

• 2021년 12월 말 기준

• 해외 하이일드채권ETF

일반투자자가 활용할 수 있는, 미국 하이일드채권에 투자하는 가장 대표적인 미국ETF를 소개하면 다음과 같다.

1. iShares iBoxx $ High Yield Corporate Bond ETF(HYG)

① 블랙록BlackRock에서 운용하는 하이일드채권ETF이며 운용규모는 20조 원(185억 달러)으로, 전 세계에서 가장 큰 하이일드채권ETF이다.

② 미국 달러표시 하이일드채권을 편입해 운용하며, 22년 12월 말 기준 듀레이션은 4.3%, YTW은 8.9%이다.

③ 수익과 변동성

(단위 : %)

연수익												변동성
2010	2011	2012	2013	2014	2015	2016	2017	2018	2019	2020	2021	3년
11.89	6.77	11.66	5.75	1.90	-5.03	13.41	6.07	-2.02	14.09	4.48	3.75	7.75

2. SPDR Bloomberg Barclays High Yield Bond ETF(JNK)

① 스테이트 스트릿 글로벌State Street Global Advisors 투자자문에서 운용하는 하이일드채권 ETF이다.

② 운용규모는 13조 원(115억 달러), 22년 12월 말 기준 듀레이션은 4.5%, YTW는 9.3%다.

③ 수익과 변동성

(단위 : %)

연수익												변동성
2010	2011	2012	2013	2014	2015	2016	2017	2018	2019	2020	2021	3년
14.20	5.12	13.46	5.86	0.77	-6.77	14.43	6.48	-3.27	14.88	4.95	3.99	7.63

Chapter 9

●●●

통화, 잘 다루면 새로운
채권투자 기회가 생긴다

●●●

브라질 채권은 2010년 초반부터 국내 고액 자산가들 사이에서 유행하기 시작했다. 증권사와 은행 PB센터는 거액의 고객들에게 높은 이자수익과 비과세(브라질 국채)라는 장점을 내세워 이머징마켓 개별국채를 많이 추천했다. 1991년 한국과 브라질 양국이 맺은 국제조세협약에 따라 브라질 정부에서 발행한 채권의 투자 수익에 대해서는 국내에서 비과세 혜택을 적용받을 수 있었기 때문이다. 과거에는 브라질채권을 중심으로 투자가 이뤄졌으나, 최근에는 멕시코, 인도, 러시아 등 다양한 이머징국가 채권으로 투자 대상이 확대되고 있다. 2023년 올해에만 국내 주요 6개 증권사에서 3388억 원이 팔렸고 지난 2022년 한 해 동안에는 1조 412억 원이 팔렸다. 또한 중국과 같이 이머징국가 경제가 회복되면서 다양한 형태의 이머징마켓 채권펀드도 주목되고 있다. 그러나 이머징마켓 채권은 투자할 때 다른 채권들보다 고려해야 할 변수가 상대적으로 많으며, 종류도 다양하기 때문에 정확한 이해가 필요하다.

• • •

1. 이머징채권별로
주요 변수와 성과가 다르다

이머징마켓 채권은 이머징국가의 정부와 기업이 발행하는 채권이다. 최근에 이머징국가 신용도 상승과 높은 이자수익으로 글로벌 투자자들의 관심이 증가하고 있다. 이머징채권은 크게 두 종류로 구분되는데, 각국 현지에서 발행하는 현지통화표시 이머징채권과 달러표시 이머징채권이다(〈도표 9-1〉).

① **채권금리 결정방식** : 현지통화표시채권은 발행국의 경제상황에 따라 금리가 결정된다. 반면에 달러표시채권은 미국 국채금리를 기준으로 발행국가나 발행기업의 리스크만큼 가산금리를 반영해 금리가 결정된다.

② **투자수익에 미치는 통화 영향** : 현지통화로 발행되는 채권은 통화 움직임에 투자수익이 영향을 받지만, 달러표시채권은 통화 움직임에 영향을 받지 않는다.

도표 9-1	이머징채권 자산별 주요 내용	
구분	현지통화표시채권	달러표시채권
금리결정 구조	각국 경제상황	미국 국채금리 + 가산금리
통화영향	○	×
중요 투자변수	통화	가산금리
수익원	자본이익, 이자수익, 통화수익	자본이익, 이자수익
주요 위험	이자율, 통화위험	이자율, 신용위험
예시	레알화 표시 브라질국채	달러표시 외국환평형기금채권

도표 9-2 이머징마켓 연도별 수익률

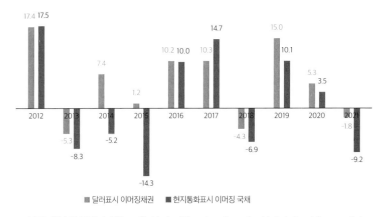

■ 달러표시 이머징채권   ■ 현지통화표시 이머징 국채

• 자료 : JPM EMBI Global Diversified Index, Bloomberg Emerging Markets Local Currency Index

③ **투자수익 중요 변수** : 현지통화표시채권 투자 시 제일 중요한 고려사항은 투자국의 통화전망이며, 달러표시채권은 가산금리 향배가 중요한 체크사항이다.

④ **주요 투자위험** : 대다수 채권의 공통적인 위험인 이자율위험을 제외

하면 현지통화표시채권은 통화위험, 달러표시채권은 가산금리가 발생하므로 신용위험이 가장 중요한 위험이다.

〈도표 9-2〉는 달러가 전반적으로 약세를 보였던 이머징마켓 채권지수들의 최근 10년(2012~2021년)간 연간수익 및 평균수익률 지표이다. 이 도표를 보면 다음과 같은 사항을 알 수 있다.

- 지난 10년 동안 현지통화표시채권지수는 평균 5% 기록한 반면, 달러표시 이머징채권지수는 평균 7% 수익을 기록했다.
- 글로벌 경제상황에 민감하게 영향을 받아 리만브라더스 사태가 발생한 2008년 수익은 모두 마이너스를 기록했다. 반면에 글로벌경제가 턴어라운드^{Turnaround} 한 2009년에는 매우 우수한 성과를 기록했다.

● ● ● ●

2. 이머징채권,
발행통화별로 구분된다

   이머징국가에서 발행되는 채권의 종류는 〈도표 9-3〉에서 확인할 수 있다. 글로벌 투자자 관점에서 현지통화표시 이머징국채와 달러표시 이머징채권으로 구분할 수 있다. 그중 달러표시 이머징채권은 발행주체에 따라 국채와 회사채로 다시 나뉜다. 달러표시 이머징마켓 채권은 달러자금을 조달할 목적으로 발행하기 때문에 글로벌 신용도가 상대적으로 높은 기업들이 달러표시채권을 주로 발행한다.

   〈도표 9-4〉는 달러가 전반적으로 약세를 보였던 지난 10년(2012~2021년)간 주요 이머징채권 지수의 연도별 성과를 보여준다. 글로벌 투자적격채권보다 상대적으로 높은 수익과 높은 변동성을 보인다. 이머징마켓 채권지수 성과의 특징을 정리하면 다음과 같다.

이머징채권 종류

구분	채권종류		정의	예시
이머징 채권	현지통화표시 이머징국채		이머징국가에서 현지통화로 표시되어 발행된 채권	레알표시 브라질국채, 원화표시 국채 등
	외화(달러) 표시	이머징 국채	이머징국가에서 해외자금 조달 목적으로 외화(주로 달러)표시되어 발행되는 국채	외평채 (외국환평형기금채권)
		이머징 회사채	상기 목적으로 이머징국가 기업이 발행하는 회사채	KP* (예 : 달러표시 포스코 채권)

• Korean Paper : 국내은행이나 우량기업이 외화자금 조달을 위한 달러표시 채권

과거 11년간 연도별 이머징채권 수익률

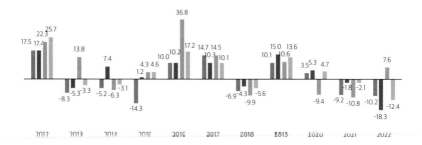

■ 현지통화표시 이머징국채   ■ 달러표시 이머징국채   ■ 현지통화표시 이머징 하이일드   ■ 달러표시 이머징회사채

• 자료 : JPM GBI-EM Index, JPM EMBI Global Diversified Index, Bloomberg EM Local Currency Government: High Yield Total Return Index Unhedged USD, J.P. Morgan USD Emerging Markets High Yield Bond Index

• 경기침체기(2008)에는 이머징채권지수 모두 원금손실을 보였다.

• 경기침체기에 가장 큰 손실을 본 채권은 달러표시 이머징회사채 이다.

- 경기가 회복될 때는 달러표시 이머징회사채 성과가 제일 양호하다.
- 전반적으로 이머징채권들이 기타채권 자산보다 변동성이 높다.
- 현지통화표시 이머징채권은 2012년 이후 이머징 통화약세(달러강세)로 매우 저조한 성과를 보이다가, 2016년부터 수익이 반전되기 시작했다.
- 이머징채권은 글로벌경제에 매우 민감하게 영향을 받는다.

3. 이머징채권, 글로벌경제에 영향을 받는다

달러표시 이머징채권

왜 이머징채권은 높은 수익과 변동성을 보이는 걸까? 동일한 경제상황 인데 이머징채권별로 왜 수익 차이가 발생하는 걸까? 이를 이해하려면 먼 저 각 이머징채권의 수익구조를 알아야 한다. 먼저 달러표시 이머징채권 의 수익구조를 알아보자.

외화(달러)표시채권 = ① 이자수익 + ② 자본손익

외화표시(달러) 이머징채권은 'Hard Currency 이머징채권'으로 부르기 도 하는데, 주로 달러화로 발행된다. 글로벌 투자자 입장에서는 통화위험 은 고려하지 않으면서 채권투자수익(이자수익+자본이익)에만 집중하면 된 다. 외화표시채권의 금리는 미국 국채금리에 발행국이나 발행회사의 글로벌 신용도만큼 가산금리를 추가해 결정된다. 그래서 가산금리가 투자의 중요한 변수다.

외화표시 이머징 국채금리 = 미국 국채금리 + 가산금리

예를 들면 중국기업이 외화자금을 조달하기 위해 달러표시채권을 발행한다고 하면, 발행금리^{Coupon}는 다음과 같은 방식으로 결정된다. 미국국채 ^{AAA} 10년 금리가 2.5%이고 발행기업 신용도에 따른 가산금리가 2.5%이면, 해당 중국기업의 달러표시 채권금리는 5(=2.5+2.5)%가 된다.

일반적으로 기업이나 국가의 신용등급이 낮을수록 가산금리는 높아진다. 선진국과 비교하면 이머징국가의 신용등급이 전반적으로 낮다. 그래서 가산금리가 높아 이머징채권 금리가 높은 것이다. 금리가 높다는 것은 그만큼 투자위험이 있다는 것을 늘 명심해야 한다.

다음은 최근에 달러표시채권을 발행한 사례이다. 2017년 초에 정부가 10억 달러 규모의 외화표시 외국환평형기금채권을 사상 최저금리로 발행했다는 내용의 기사가 나왔다(2017년 1월 13일 자 매일경제, '외평채 10억弗' 사상최저 금리로 발행). 외평채 발행금리는 미국국채 10년물 금리에 가산금리 0.55%를 더한 2.871%였으며, 투자자들이 실제로 받는 쿠폰금리는 2.75%였다.

달러표시 이머징채권은 수익구조가 하이일드채권과 유사하다. 즉 가산금리 움직임에 의해 전체 투자수익이 상당 부분 좌우된다는 공통점이 있다. 이머징국가나 이머징기업의 신용등급이 상대적으로 낮기 때문에 전체

발행금리에서 가산금리가 차지하는 비중이 크다. 가산금리 향배에 따라 전체금리가 연동해 가격이 변동한다고 볼 수 있다.

따라서 달러표시 이머징채권을 투자할 때는 현재 가산금리 수준을 정확하게 판단하는 것이 매우 중요하다. 가산금리가 평균보다 낮은 수준이라면 그만큼 기대수익이 낮다는 의미이며, 가산금리가 확대된다면 채권가격이 하락할 가능성이 높다는 뜻이다. 반면에 투자시점에 가산금리가 많이 확대되어 있으면, 투자기대수익이 높고 향후 가산금리 축소 시 가격상승으로 인한 자본이득 가능성이 높다. 물론 추세적으로 경기악화가 우려되는 상황이라면 달러표시 이머징채권 투자를 피해야 한다.

현지통화표시 이머징채권

현지통화표시 이머징채권의 수익구조는 국내주식에 투자하는 외국인투자자들의 수익구조를 이해하면 간단하다. 외국인투자자가 국내주식에 투자하는 경우, 국내주식 투자수익과 투자기간 환율변동폭이 총수익으로 구성된다. 마찬가지로 외국인투자자가 국내국채에 투자하는 경우, 투자한 채권에서 발생하는 이자수익, 금리변동에 따른 채권가격, 투자한 국가의 통화가치 변동에 따른 환차손익이 펀드의 총수익으로 구성된다.

현지통화표시 이머징채권 총수익

= ① 이자수익 + ② 자본손익 + ③ 통화손익

〈도표 9-5〉는 2012년에 글로벌 투자자가 각국 현지통화표시 이머징국
채에 투자했을 때의 총수익률 도표이다. 도표를 보면 인도네시아가 25%
로 가장 큰 수익을 제공했는데, 세부적으로 보면 채권투자수익 21.12%(이
자수익+자본이득)와 통화차익에 따른 환차익 4.27%로 구성되어 있다.

반면에 폴란드는 채권수익(7%)은 양호했으나 달러 대비 폴란드통화가
약세여서 환차손(-3%)이 발생해 총수익은 3.89%이다. 상대적으로 저조하

도표 9-5 **2012년 주요 현지통화표시채권 총투자수익**

(단위 : %)

수익구조	현지채권 수익률 ①	달러 대비 통화수익률 ②	달러 기준 투자 총수익률 ③ = ① + ②
인도네시아	21.12	4.27	25.39
브라질	13.28	5.01	18.29
멕시코	12.05	5.85	17.9
말레이시아	4.92	11.04	15.96
한국	8.28	2.61	10.89
인도	5.19	4.07	9.26
폴란드	7.03	-3.14	3.89

• 자료 : 블룸버그

다. 따라서 현지통화표시국채는 채권수익뿐만 아니라 투자국 통화의 가치 전망도 매우 중요한 투자변수이다. 도표를 자세히 보면 현지통화표시 이머징채권의 총수익에서 통화차익(손)이 얼마나 큰 영향을 미치는지 알 수 있다. 즉 현지통화표시국채이지만 통화부문으로 인해 총수익의 변동성이 매우 높게 나타난다.

4. 현지통화표시 이머징채권,
통화변수가 가장 중요하다

〈도표 9-6〉은 최근 10년간(2012~2021년) 현지통화표시 이머징마켓 채권지수의 연수익률 도표이다. 성과가 양호한 해와 부진한 해의 수익률 차이가 큰 편이다. 양의 수익률을 기록한 연도 평균 수익률은 13.3%인 반면, 음의 수익률을 기록한 연도 평균 수익률은 -7.4%이다. 이렇게 2013년부터 2015년까지 현지통화표시 이머징국채가 성과가 부진했던 가장 큰 요인은 달러 대비 이머징통화가 약세가 되면서 채권 부분 투자수익보다 더 큰 폭으로 환차손이 발생했기 때문이다. 그래서 전체 투자수익이 마이너스를 기록한 것이다.

2012년 이후 이머징통화 가치가 지속적으로 하락했다. 그러면서 현지통화표시채권은 상대적으로 높은 이자수익에도 불구하고 통화손실을 입어, 총 투자수익이 몇 년간은 매우 실망스러운 수준이었다. 같은 기간 동안 달러 대비 이머징통화는 고점 대비 거의 40% 정도 통화가치가 하락했다. 그 결과 2017년 6월 기준으로 달러 대비 이머징통화 가치는 과거 평균

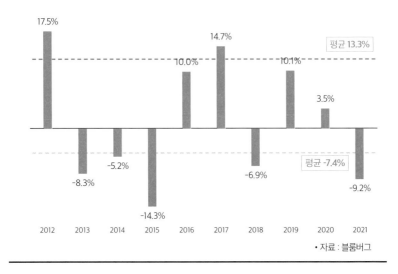

17.5%

14.7%

평균 13.3%

10.0%

10.1%

3.5%

-5.2%

-8.3%

-6.9%

평균 -7.4%

-9.2%

-14.3%

2012　2013　2014　2015　2016　2017　2018　2019　2020　2021

• 자료 : 블룸버그

대비 25% 정도 더 낮아졌다. 이는 리먼브라더스 사태가 발생한 2008년보다 상당히 낮다.

2017년 이머징경제 펀더멘털은 2008년보다 양호하지만, 이머징통화 가치는 리먼브라더스 사태 때보다 더 낮게 형성되어 있다. 통화가치는 일반적으로 펀더멘털에 수렴하기 때문에 향후 이머징통화는 당분간 점진적으로 달러화 대비 상승할 것으로 판단된다. 물론 이머징경제가 지속적으로 양호하다는 전제조건이 필요하다.

〈도표 9-7〉은 주요 이머징국가 중 대외여건에 가장 민감한 5개국(브라질, 인도, 인도네시아, 남아공, 터키)의 지난 20년(1998~2017)간 경상수지 추이를 보여준다. GDP 대비 경상수지 규모(%)를 보면 2014년까지 지속적으로 악화되다가, 최근에 점진적으로 개선되는 모습을 보이고 있다. 이머징국

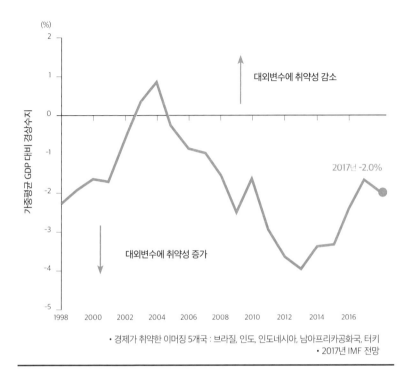

도표 9-7 | 대외경제 변수에 취약한 이머징 5개국의 경상수지 추이

(%)

가중평균 GDP 대비 경상수지

대외변수에 취약성 감소

2017년 -2.0%

대외변수에 취약성 증가

• 경제가 취약한 이머징 5개국 : 브라질, 인도, 인도네시아, 남아프리카공화국, 터키
• 2017년 IMF 전망

가 경제가 개선되고 있다는 뜻이다.

••••

5. 이머징채권의 가장 큰 위험,
글로벌경제가 하락하는 것이다

채권별로 투자 시 고려해야 할 중요 위험은 다음과 같다.

이자율위험

현지통화표시채권과 외화표시채권 모두 이자율위험이 있다. 투자 시 금리전망에 따라 채권 듀레이션을 길게 끝딘개아 한다.

신용위험

① 부도위험 : 현지통화표시국채는 해당 국가 통화로 발행되기 때문에 지급불능 가능성은 거의 없다. 반면에 외화표시채권은 달러로 발행되기 때문에 발행국가 경제가 어려움에 처하면 부도가능성이 있다.

② 가산금리 확대위험 : 외화표시채권은 미국 국채금리 대비 발행국 내지 발행회사의 신용도를 반영한 가산금리로 발행된다. 그렇기 때문에 글로벌 거시경제 상황이 악화되면 가산금리가 확대되는 위험이 있는 반면, 현지

투자위험	현지통화표시 이머징채권	외화표시 이머징채권
이자율위험	○	
신용위험	×	○
통화위험	○	×

통화표시 이머징국채는 투자국 국내수급에 의해 금리가 결정되는 국채이다. 가산금리가 없는 구조이므로 가산금리 확대위험이 없다.

통화위험

외화표시 이머징채권은 주로 달러화표시로 발행된다. 일반적으로 국내펀드에서는 달러표시 이머징채권에 투자하는 경우, 대부분 원달러 헤징을 하고 투자하기 때문에 통화위험은 없는 채권으로 볼 수 있다. 반면에 현지통화표시채권은 투자국 통화 움직임에 따른 환차손이 발생해 투자수익에 영향을 미친다.

일반적으로 국내투자자들이 주로 투자하는 현지통화표시 이머징국채들은 금리가 높은 나라에 투자한다. 그래서 환헤징 시 비용이 너무 많이 발생해, 현실적으로 환헤징을 하여 투자하는 것이 불가능하고 볼 수 있다. 즉 현지통화표시채권은 환율변동위험에 노출된다. 따라서 투자국 환율에 대한 정확한 전망이 필요하다.

• • • •

6. 이머징채권, 글로벌경제가 상승할 때 투자하라

이머징채권은 채권자산 중에서 위험자산으로 간주되기 때문에, 경기회 복기에 적합한 투자자산이다.

현지통화표시 이머징국채

경기상승 초기에는 금리인하를 통한 양적완화 정책을 구사하기 때문에 채권금리는 하향안정세를 보인다. 이러한 경기부양책이 자국 경제에 긍정 적 영향을 끼쳐 달러화 대비 현지 이머징통화 강세가 나타나, 현지통화표 시 이머징채권에 투자하기 매우 좋은 상황이 된다. 그러나 통화라는 변수 는 매우 복잡하기 때문에 시장상황을 면밀히 검토해 투자할 필요가 있다.

경기하락기에는 일반적으로 국채투자가 바람직하다. 반면에 현지통화 표시 이머징국채는 통화위험에 노출되기 때문에 투자를 회피하는 것이 좋 다. 만약 투자국가의 통화를 헤징할 방법이 있다면, 환헤징을 해 장기국채 에 투자하면 자본이득을 극대화할 수 있다.

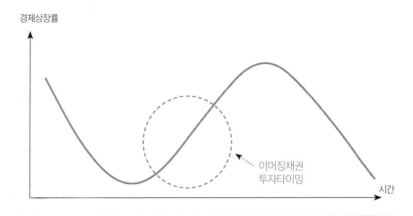

달러표시 이머징채권

　경기상승기에 외화(달러)표시 이머징채권은 하이일드채권처럼 가산금리가 축소되면서 채권가격이 상승하므로 투자하기 좋은 환경이다. 그러나 하이일드채권과 마찬가지로 경기상승 후반기로 갈수록 가산금리 폭이 줄어드는 반면, 미국국채 금리상승 가능성이 크기 때문에 이자율위험에 노출될 가능성이 커진다.

　따라서 외화(달러)표시채권은 경기상승 전반기에 투자하는 것이 가장 적합하다. 경기상승 후반기로 갈수록 가산금리가 축소되므로 이자율위험에 노출될 가능성이 높아진다. 경기하락기에는 국채펀드라도 시장위험이 커져 가산금리 확대로 연결되기 때문에 가격이 하락한다. 그러므로 경기하락기에는 달러표시 이머징국채 투자를 피해야 한다.

• 단일국가 이머징국채

1. 정의

이머징국가에서 현지통화로 발행되는 국채이며, 국내에서 판매되고 있는 브라질국채, 멕시코국채, 인도국채 등이 여기에 해당된다.

2. 투자이점

① 고금리 이자수익 : 7~10% 내외 표면금리
② 비과세(브라질국채) : 채권매매 차익과 통화차익은 비과세

3. 수익구조

① 현지통화표시국채의 수익구조는 채권이자수익, 매매차익, 통화수익으로 구성된다.
② 현지통화표시 이머징채권의 투자 총수익에서 통화가 차지하는 비중은 매우 크다. 그래서 이에 대한 정확한 판단이 반드시 선행되어야 한다.

4. 투자위험

① 국가부도위험 : 투자국가 파산 시 원금손실 가능성이 있기 때문에 투자국에 대한 거시경제 판단은 가장 중요한 체크포인트다.
② 이자율위험 : 해당 국가 금리정책에 대한 판단이 필요하다. 즉 해당 국가에서 금리인상이 되면 국채가격 하락으로 인한 손실가능성이 있다.
③ 통화위험 : 투자시점 대비 매도시점의 투자국 통화가치가 하락하면 환차손이 발생해 투자손실을 보게 된다.

• JP Morgan에서 운용하는 이머징채권펀드 : JPM EMD 펀드

JP 모건 이머징마켓채권펀드는 글로벌 경제성장을 견인하는 이머징정부, 지

방정부 또는 정부기관이 보증하거나 발행한 채권에 주로 투자한다. 주로 달러 기반으로 발행된 이머징국채에 투자하지만 이머징 회사채나 현지통화로 발행된 이머징채권에도 투자하여 추가 수익을 추구한다. 한화이머징국공채증권 투자신탁이라는 재간접 펀드로 투자할 수 있다.

1. 펀드개요

펀드명	JP 모건 이머징마켓채권펀드
특징	JP 모건 자산운용의 글로벌 네트워크를 바탕으로 한 거시전망과 펀더멘털 리서치가 기반
운용사	JP 모건 자산운용
벤치마크	J.P. Morgan EMBI Global Diversified Composite
설정연도	1997
듀레이션	6.93년
신용등급	BB
이자수익	7.66%
운용전략 규모	7300억 원 내외

• 2022년 12월 31일 기순

2. 연도별 펀드성과

(단위 : %)

구분	2012	2013	2014	2015	2016	2017	2018	2019	2020	2021	10년간 누적수익률
JP 모건 이머징마켓 채권펀드	19.74	-7.19	3.98	-0.50	8.70	9.97	-5.8	13.9	5.2	-3.4	35.6
JPM EMBI Global Diversified Index	17.20	-5.25	7.46	1.19	10.22	10.07	-4.2	14.9	5.0	-1.9	50.3
벤치마크 대비 초과성과	2.5	-1.9	-3.5	-1.7	-1.5	-0.1	-1.6	-1.1	0.2	-1.5	-14.7

• 벤치마크는 펀드 공식참조지수를 사용하지 않고, 실제 주 투자대상인 이머징현지통화표시채권지수를 사용

• 누버거버먼 이머징채권펀드

누버거버먼은 1939년에 설립되어 560명 이상, 약 380조의 자산을 운용하고 있는 임직원 소유의 글로벌 자산운용사(19년 3월 31일 기준)로, 채권 운용 자산은 약 170조. 전 세계적으로 가장 오랜 경험과 팀워크를 자랑하는 이머징채권 운용팀이 담당하여 운용하고 있다. 보수를 차감하고 난 후 벤치마크 대비 1~2%를 상회하는 목표수익률을 추구하며, 주로 달러 기반 이머징마켓채권에 투자한다. 국채 위주며 회사채도 일부 편입한다. 삼성누버거버먼이머징국공채플러스증권자투자신탁이라는 재간접 펀드로 투자할 수 있다.

1. 펀드개요

펀드명	누버거버먼 이머징채권펀드이머징채권펀드
특징	설정 이후 트랙 레코드가 동일 유형 대비 우수하며 안정적인 장기 성과 구축
운용사	누버거버먼 자산운용
벤치마크	J.P. Morgan EMBI Global Diversified Composite
설정연도	2013년
듀레이션	6.80년
신용등급	BB
이자수익	9.52%
운용전략 규모	3조 4400억 원 내외

• 2023년 2월 말 기준

(단위 : %)

구분	2014	2015	2016	2017	2018	2019	2020	2021	10년간 누적수익률
누버거버먼 이머징 국공채펀드	8.14	-1.13	11.88	13.54	-6.0	15.3	5.3	-3.5	51.2
JPM EMBI Global Diversified Index	7.46	1.19	10.22	10.07	-4.2	14.9	5.0	-1.9	50.3
벤치마크 대비 초과성과(%)	0.7	-2.3	1.7	3.5	-1.8	0.3	0.3	-1.6	0.8

• 주요 이머징채권 ETF

1. 달러표시 이머징채권 : iShares J.P. Morgan USD Emerging Markets Bond ETF(EMB)

① 2007년에 설정되어 블랙록이 운용하는 ETF로 JPMorgan EMBI Global Core Index의 성과를 추종한다.

② 현재 운용규모는 약 20조 원(149억 달러)이며 듀레이션은 7.04년, 평균만기는 12.9년, 만기수익률은 7.72%, 평균 신용등급은 BB, Expense Ratio는 0.39%이다.

③ 달러표시 이머징채권에 투자하며 1/3 정도는 이머징국채, 2/3는 이머징회사채에 투자한다.

④ 수익과 변동성

연수익										변동성
2012	2013	2014	2015	2016	2017	2018	2019	2020	2021	3년
18.0%	-8.1%	6.0%	1.4%	9.4%	9.9%	-5.7%	15.5%	5.3%	-1.7%	12.2%

2. 현지통화표시 이머징채권 : VanEck J.P. Morgan EM Local Currency Bond ETF(EMLC)

① 뱅가드^{Vanguard}가 운용하는 미국 이머징마켓 ETF이다. 현지통화표시 이머징채권에 투자하며, J.P. Morgan Government Bond Index Emerging Markets Global Core 수익을 추종하는 펀드이다.

② 현재 운용규모는 약 4조 원(33억 달러)이며 듀레이션은 4.78년, 평균만기는 6.9년, 만기수익률은 7.6%, 평균 신용등급은 BBB-, Expense Ratio는 0.30%이다.

③ 주요 이머징 현지통화국가에 투자한다. 중국, 인도네시아, 브라질 국채순으로 10% 정도씩 투자한다. 월 배당이 나오는 ETF이다.

④ Top 5 편입국가

(단위 : %)

구분	국가	비중
1	중국	10.70%
2	인도네시아	9.70%
3	브라질	9.50%
4	말레이시아	7.50%
5	태국	7.00%

⑤ 수익과 변동성

연수익										변동성
2012	2013	2014	2015	2016	2017	2018	2019	2020	2021	3년
15.6%	-9.9%	-4.5%	-14.5%	10.0%	14.7%	-8.5%	9.6%	2.9%	-9.7%	11.1%

이제 자신만의 채권투자법을 만들어야 한다!

Part

3

나만의 채권투자
노하우

Chapter 10

●●●

매력적인 한국 국채

●●●

저금리 기조가 이어지는 가운데 최근 한국의 국채금리가 4% 근처까지 오르자 보수적이면서 안전자산을 선호하는 투자자들의 관심이 높아지고 있다. 과거 한국 국채는 여러 가지 요인으로 글로벌 투자자들에게 외면받아 온 자산이었다. 상대적으로 낮은 금리, 외국투자자들에게 불리한 세제 그리고 개인투자자들의 낮은 관심으로 유통시장이 상대적으로 활성화되지 못해 글로벌 투자자들이 접근하기 어려운 시장이었다.

그러나 최근 들어 한국 국채시장의 여건들이 변화하면서 글로벌 투자자들에게 매력적인 투자 대안으로 부상하고 있다. 상대적으로 높은 금리, 향후 금리인하 여력, 양호한 GDP 대비 국가부채 규모 그리고 WGBI에 한국국채 편입 가능성 등으로 글로벌 투자자들에게 새롭게 주목받고 있는 한국국채에 대해서 자세히 알아보도록 하자.

●●●

1. 글로벌 투자자들에게
충분한 규모와 유동성을 제공

한국 채권시장 규모

한국 채권시장의 규모는 얼마나 될까? 〈도표 10-1〉을 보면 한국의 채권시장은 2조 3,450억 달러(약 2,956조 원)으로 아시아 국가 중에서 중국, 일

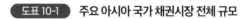

도표 10-1 **주요 아시아 국가 채권시장 전체 규모**

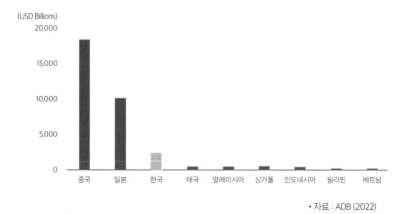

• 자료 : ADB (2022)

주요 아시아 국가 채권시장 발행잔액(GDP 대비)

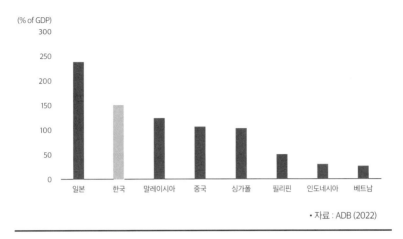

• 자료 : ADB (2022)

본 다음으로 크다. GDP 대비 발행잔액 면에서는 일본 다음으로, 아시아

국가 중에서도 채권시장 규모가 상대적으로 크다는 것을 알 수 있다(〈도표

도표 10-3   **채권 투자자 중 외국인 비중**

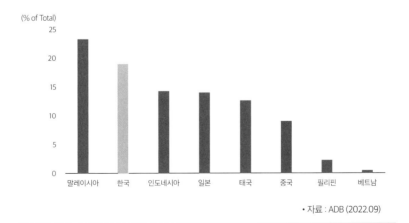

• 자료 : ADB (2022.09)

10-2〉).

한국채는 외국인에게도 매력적인 자산이다. 〈도표 10-3〉을 보면 2022
년 9월 기준 한국 채권투자자 중 외국인 비율은 약 19%로, 아시아 국가 중
에서 외국인 비중이 말레이시아 다음으로 높다. 참고로 한국보다 채권시장
규모가 큰 중국과 일본은 외국인 투자자 비중이 9~15%로 한국보다 낮다.

한국 채권시장 유동성

시장 규모만큼이나 시장 유동성도 중요하다. 시장 유동성은 달리 말하
면 거래가 얼마나 활발한지 여부로, 시장 유동성이 적으면 원하는 시점 또
는 적절한 가격에 매도를 못해 손실을 기록할 가능성이 높기 때문이다.

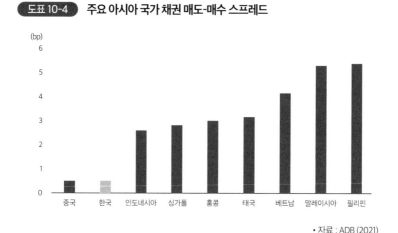

도표 10-4　주요 아시아 국가 채권 매도-매수 스프레드

• 자료 : ADB (2021)

〈도표 10-4〉는 주요 아시아 국가별 채권 매도-매수 스프레드^{Bid-ask Spread}

다. 매도-매수 스프레드는 매도가와 매수가의 차이로, 이 수치가 작을수록

거래가 활발하다. 2021년 기준 한국의 채권 매도-매수 스프레드는 0.5bp

로, 주요 아시아 국가와 비교했을 때 굉장히 작다.

한국 채권시장 내 국채 규모

채권 종류는 크게 국채, 금융채, 통안채, 회사채, 특수채, 지방채로 구분

된다. 〈도표 10-5〉는 2022년 3월부터 2023년 2월까지 채권별 거래량을

나타낸 자료다. 해당 기간 동안 거래된 전체 채권 거래량은 5,425조 원인

데, 이 중 국채 거래량은 3,031조 원으로 절반 인상인 56%를 차지한다. 이

를 통해 지난 1년 동안 거래된 국내 채권 중 가장 활발했음을 알 수 있다.

도표 10-5 **한국 채권 거래량**

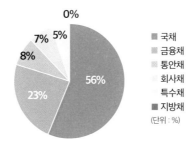

• 자료 : 금투협 2022.03~2023.02

● ● ●

2. 양호한 국채
수요/공급 전망

　채권 자산도 금융자산이므로 수요와 공급에 따라 가격이 결정된다. 따라서 채권투자 시 시장금리 전망뿐만 아니라 수요와 공급 현황도 고려해야 한다.

국채 공급(=채권 발행) : 한국 정부의 재정 건전성

　채권투자자 입장에서는 국채 공급량, 즉 국채 발행물량이 감소하는 것이 유리하다. 채권뿐만 아니라 어떤 자산이든 공급이 수요보다 적어야 자산 가격이 상승하기 때문이다. 〈도표 10-6〉은 최근 10년 동안 국채 발행량 추이를 나타낸 자료다. 2019년에도 많이 증가했으나 2020년 코로나 팬데믹이 발생하면서 경기 부양을 이유로 국채 발행량이 더 크게 증가했다 (238.5조 원). 전체 채권 발행량 중 20%대이던 국채가 2020년 이후 30% 차지

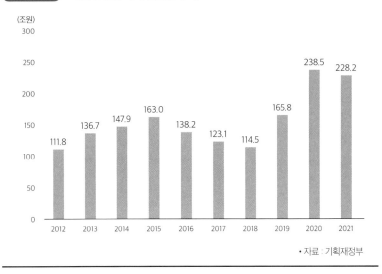

최근 10년간 국채 발행량 추이

(조원)

• 자료 : 기획재정부

하게 되면서, 채권시장 내 국채 물량은 과거 10년 중 가장 많은 비중을 기록하고 있다.

향후 국채 발행물량 추이를 예측하기 위해서는 국가 재정 상황을 고려해야 한다. 국채는 국가가 공공 및 재정 자금을 확보하고자 발행하는 채권이기 때문이다. 〈도표 10-7〉은 OECD 주요국의 GDP 대비 정부 부채 규모를 비교한 그래프이다. 2021년 기준 한국 정부 부채는 GDP 대비 59%로, 여전히 주요국 대비 양호한 수준임을 알 수 있다.

향후 한국 정부 부채 전망 또한 양호하다. 〈도표 10-8〉은 매년 기획재정부에서 발표하는 정부 부채 전망 자료다. 해를 거듭할수록 GDP 대비 정부 부채비율 전망이 개선되고 있음을 알 수 있다. 2020년에 발표된 2021년 전망 자료에서는 GDP 대비 정부 부채가 2024년까지 계속 증가할 것으

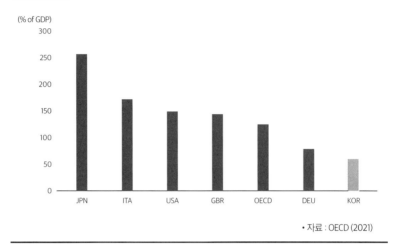

도표 10-7 OECD 주요국 정부 부채

(% of GDP)

JPN ITA USA GBR OECD DEU KOR

• 자료 : OECD (2021)

로 예측했으나, 최근에 발표된 2023년 전망 자료에서는 GDP 대비 정부 부채가 2026년까지 큰 변화 없이 안정적으로 유지될 것으로 보고 있다. 이는

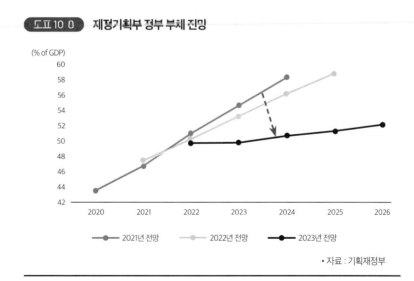

도표 10-8 재정기획부 정부 부채 전망

(% of GDP)

2020 2021 2022 2023 2024 2025 2026

— 2021년 전망   — 2022년 전망   — 2023년 전망

• 자료 : 기획재정부

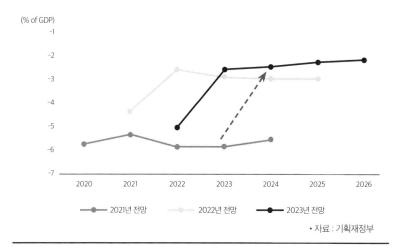

도표 10-9   재정기획부 재정적자 전망

(% of GDP)

2021년 전망   2022년 전망   2023년 전망

• 자료 : 기획재정부

이전 행정부 대비 현 행정부^{윤석열 정부}가 균형 재정에 더 방점을 두고 있기 때문으로 판단된다.

한국의 새정 직자도 이전 행정부외 비교해 감소될 것으로 예상된다. 〈도표 10-9〉는 매년 기획재정부에서 발표하는 재정 적자 전망으로, 2021년 전망(문재인 정부) 자료에서는 재정 적자가 2024년까지 GDP 대비 -6~-5% 수준을 기록할 것으로 예상했다. 하지만 최근 2023년 전망에서는 GDP 대비 재정 적자가 큰 폭으로 개선되어 향후 4년간 -2%로 균형 있게 유지될 것으로 예상한다. 이처럼 향후 한국 정부의 재정이 안정적으로 유지될 것으로 예상되는 가운데 채권 공급^{발행물량}은 제한될 것으로 예상된다.

신용등급이 높고 매력적인 이자수익 제공

일반적으로 매력적인 투자 채권은 안정성은 높으면서 동시에 금리가 높은 채권이다. 외국인 투자자 입장에서 한국 국채는 신용등급 면에서는 선진국DM의 장점과 금리 면에서는 상대적으로 높은 이머징국가의 장점이 결합한 '하이브리드형' 채권이다. 〈도표 10-10〉은 주요 아시아국의 신용등급과 10년물 국채금리다. 보통 국가의 신용등급이 낮을수록 10년물 국채금리가 높은데, 한국은 AA 등급으로 신용등급이 높으면서 동시에 높은 금리 수준을 보이고 있다.

도표 10-10 주요 아시아국 신용 등급과 10년물 국채 금리

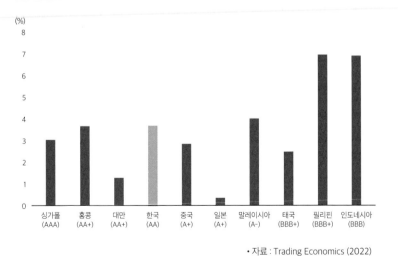

• 자료 : Trading Economics (2022)

타 아시아 국가 대비 장기채권 비중이 크다

채권 수익은 이자수익과 자본차익으로 나뉘는데, 잔존만기가 긴 채권일수록 시장금리가 하락할 때 자본차익을 극대화하는 데 유리하다. 〈도표 10-11〉은 주요 아시아국 국채 만기 구성비율을 보여준다. 2022년 기준 한국은 10년 이상 장기물이 전체 국채 중 40%로, 주요 아시아 국가 중에서 가장 높은 수준이다. 따라서 한국 국채시장은 외국인들이 본격적인 금리 하락 시기에 매각차익을 제고하기에 매우 유리한 시장구조이다.

도표 10-11 주요 아시아국 국채 만기 비중

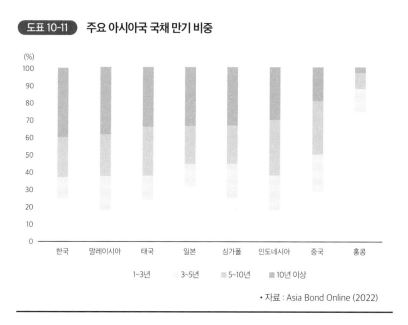

• 자료 : Asia Bond Online (2022)

글로벌국채지수 편입 기대

2022년 9월, 한국이 글로벌국채지수^{WGBI}의 관찰대상국$^{Watch List}$에 등재되었다. 글로벌국채지수란 세계 주요 24개국의 국채가 편입되어 있는 $2.5조 규모의 세계 최대 채권지수로, 매년 3월과 9월에 FTSE 채권시장 국가분류를 발표한다. FTSE Russell은 이 국가분류를 토대로 글로벌국채지수를 운용하는데, 편입 조건은 다음과 같다.

도표 10-12 WGBI 등재 조건

기준	조건	한국 충족여부
국채 발행잔액	발행잔액 액면가 기준 $500억 이상	○
신용등급	S&P 기준 A- 이상	○
시장접근성	시장접근성 레벨2	×

• 자료 : 기회재정부

한국은 세 가지 조건 중 '시장접근성'을 미충족한 상태다. 시장접근성은 레벨 0~2로 구분되는데 현재 한국은 레벨 1로, 향후 시장접근성이 상향 조정될 가능성이 있는 국가로 분류되어 관찰대상국으로 등재되었다. 한국 정부가 외국인의 국채 및 통안채 투자 비과세 적용 등 외국인의 채권투자 수요를 늘릴 수 있는 방향으로 각종 제도를 개편하고 있어 시장접근성이 개선될 여지가 있다고 판단한 것이다.

한국이 글로벌국채지수에 편입될 경우 기대되는 효과는 다음과 같다.

① **외국인 국채투자 유입** : WGBI 추종자금 중심으로 약 50~60조 원

② **재정건전성** : 외국인 자금 유입으로 시장금리가 하락함에 따라 연간 0.5~1.1조 원의 국채 이자비용 절감

③ 글로벌 기관투자자들이 WGBI를 추종하게 되면서 국채 및 외환시장 의 안정성 강화

주목할 부분은 '외국인 국채투자 유입' 효과다. 2009년 한국이 WGBI 편입이 예상되던 때에 채권 매수량이 기하급수적으로 증가했다. 〈도표 10-13〉은 2005~2016년 외국인 채권 매수량 3개월 평균치를 나타낸 자료다. 2008년 말 채권 매수량은 3조 1,090억 원이었는데, 2010년 6월 말에는 10조 3,290억 원으로 3배 가까이 상승했다.

도표 10-13 **2005년~2016년 외국인 채권 매수량**

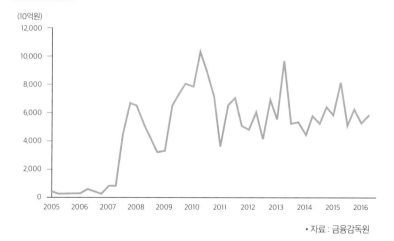

• 자료 : 금융감독원

2023년 9월 한국이 WGBI에 편입될 경우 2009년처럼 외국인의 채권 매수량이 늘어날 것으로 예상한다. 〈도표 10-14〉는 금융감독원에서 발표한 외국인 투자자들의 국채 순투자 및 보유 규모다. 2010년 한국이 WGBI 등재에 실패했음에도 불구하고, 2010~2011년 외국인의 국채 순투자 규모는 이전과 비교해 증가했다. 이 시기를 기점으로 외국인의 국채투자 규모는 점차 늘어났고, 2020년에는 외국인 국채투자 규모가 100조 원을 넘어섰다. 2022년 기준 외국인의 국채투자 규모는 약 193조 원인데, WGBI 편입으로 50~60조 원이 추가 유입된다면 향후 외국인의 국채투자 금액은 240조 원을 넘어설 것으로 기대된다.

한국이 WGBI에 편입된다면 외국인의 채권투자가 늘어나면서 원화가치도 개선될 것으로 예상한다. 이는 이스라엘의 WGBI 편입 사례로 확인할 수 있다. 〈도표 10-15〉는 이스라엘의 WGBI 편입 과정 속에서 달러

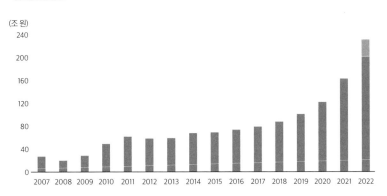

도표 10-14　**외국인 국채 순투자 및 보유규모**

(조 원)

• 자료 : 금융감독원

대비 이스라엘 통화가치 추이를 나타낸다. 달러/이스라엘 통화 수치는 하락할수록 달러 대비 이스라엘 통화가치가 높다는 것을 의미한다. 2019년 3월 이스라엘이 WGBI 편입 조건에 부합한다는 소식이 전해진 시점부터 이스라엘 통화는 지속적으로 달러 대비 강세를 보였다. 이후 2020년 4월 이스라엘 국채가 정식적으로 WGBI에 편입된 이후로는 이전보다 더 가파른 속도로 이스라엘 통화가 강세로 이어졌다. 외국인 투자 자금이 이스라엘 채권시장으로 유입되면서 통화가치가 눈에 띄게 개선된 것이다.

〈도표 10-16〉에서 2019년 이후 외국인의 이스라엘 국채 보유 비중이 지속적으로 증가한 것을 확인할 수 있다.

도표 10-15 2019년~2020년 이스라엘 통화추이

• 자료 : 블룸버그

2019년~2022년 외국인의 이스라엘 국채 보유 현황

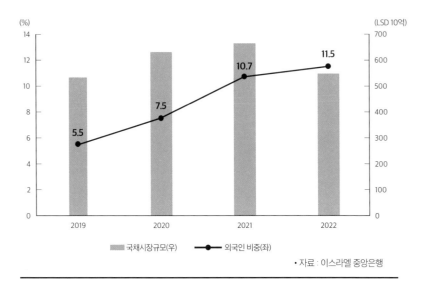

(%)
(LSD 10억)

- 국채시장규모(우) — 외국인 비중(좌)

• 자료 : 이스라엘 중앙은행

• • •

3. 한국 국채 전망

부동산 시장이 핵심이다

기준금리가 코로나 팬데믹 기간 동안 낮게 유지되자 대출이 증가하면서 부동산 시장은 호황을 맞이했다. 〈도표 10-17〉은 2014~2022년 아파트 매매 실거래 가격지수 추이다. 2020~2021년 2년 동안 아파트 매매가격은 전년 동월 대비 최대 30%까지 상승하는 등 부동산 시장은 호황기를 누렸다.

하지만 2021년 하반기부터 과도한 인플레이션 통제를 위해 미 연준뿐만 아니라 한국도 기준금리를 급격하게 인상하면서 부동산 시장 과열도 안정화되기 시작했다. 일반적으로 중앙은행이 기준금리를 인상하면 대출금리 상승과 부동산 투자자들의 차입비용이 증가하는 현상이 생겨난다. 그 결과, 고공행진을 이어가던 아파트 가격지수 상승세는 가파른 속도로 꺾이기 시작했고, 2022년 중반부터는 부동산 시장이 하락세로 접어들었다.

부동산 시장의 침체는 단순히 아파트 가격 하락에서 끝나지 않는다. 부

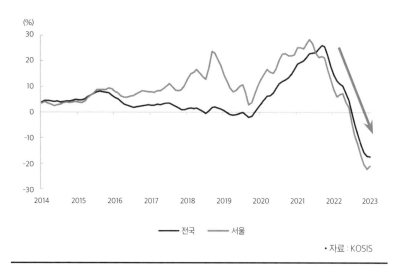

전년동월대비 아파트 매매 실거래가격지수

(%)

2014　2015　2016　2017　2018　2019　2020　2021　2022　2023

━━ 전국　　━━ 서울

• 자료 : KOSIS

동산 가격 하락은 일반 가계부터 기업까지 광범위하게 영향을 끼친다. 〈도표 10-18〉은 2015~2022년 가계, 부동산 관련 기업, 금융투자상품별 부동산 금융PF비용을 나타낸 자료다. 2015년부터 가계와 부동산 관련 기업의 부동산 금융비용은 계속해서 증가하고 있다. 특히 2018년부터 가계의 부동산 금융비용이 1,000조 원을 넘어서면서, 최근 금리인상에 따른 이자비용 급증과 함께 가계 위험이 가중되고 있다.

　건설업 상황 또한 부정적이다. 부동산 가격이 하락하면서 건설업 부도 가능성이 높아지고 있다. 〈도표 10-19〉는 2014년 이후 전체 산업 및 건설업 예상 부도율을 보여준다. 코로나 팬데믹 기간 동안 전체 산업 평균 예상 예상 부도율EDF, Expected Default Frequency은 2% 미만 수준으로 유지되었

2015년~2022년 부동산 금융 익스포저

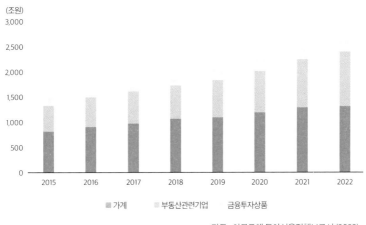

(조원)

• 자료 : 한국은행 통화신용정책보고서 (2023)

다. 하지만 건설업은 2021년부터 상승하여 2022년 이후에는 가파른 상승 곡선을 보이며 6%까지 높아졌다.

금융기관 역시 부동산 위기를 피해갈 수 없다. 오히려 가장 큰 타격을 입을 것으로 예상된다. 〈도표 10-20〉은 금융업권별 부동산 PF대출 추이를 나타낸다. 2014년부터 총부동산 PF대출 금액이 상승했고, 2019년 말에는 처음으로 부동산 PF대출이 100조 원을 넘어섰다. 특히 보험사의 부동산 PF대출 증가 속도가 빨랐는데, 2022년 9월 기준 보험사의 부동산 PF대출액은 44.6조 원으로 주요 금융업 중 가장 많은 비중을 차지하고 있다.

그럼 보험사가 가장 위험할까? 그렇지 않다. 〈도표 10-21〉은 2022년 6월 기준 금융업권별 고위험 및 아파트외 사업장 대출 비중을 나타낸다. 비

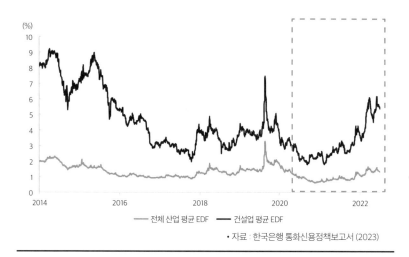

도표 10-19 2014년 이후 전체 산업 및 건설업 예상부도율

• 자료 : 한국은행 통화신용정책보고서 (2023)

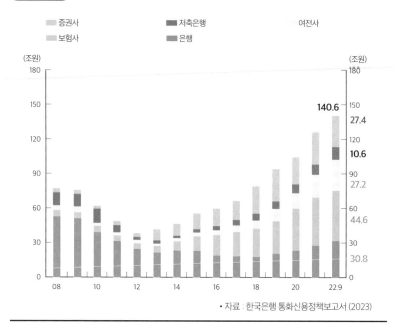

도표 10-20 금융업권별 부동산 PF대출 추이

• 자료 : 한국은행 통화신용정책보고서 (2023)

은행권인 저축은행과 증권사가 보험사를 포함한 나머지 금융업보다 고위험 및 아파트외 사업장 대출 비중이 훨씬 크다. 특히 저축은행의 경우 일반 은행보다 고위험 및 아파트외 사업장 대출 비중이 3~4배나 더 크다. 저축은행의 부동산 PF대출 금액은 금융업 중 가장 적지만, 부동산 시장 위험에 가장 많이 노출되어 있다는 것을 알 수 있다.

결론적으로 부동산 관련 이슈가 얼마나 크게 시장에 영향을 미치는가에 따라 한국 채권시장의 흐름은 달라질 것이다. 부동산 관련 충격이 크면 클수록 국채와 국채가 아닌 채권 간 가격차별화가 심해질 것이다. 즉 국채가격은 상승하는 반면, 국채를 제외한 채권은 가산금리가 확대되어 가격이

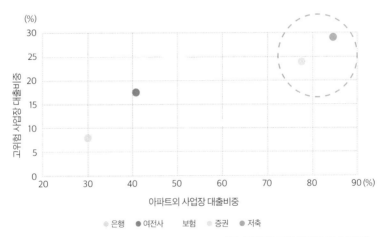

도표 10-21   2022년 6월 금융업권별 고위험 및 아파트외 사업장 대출비중

• 자료 : 한국은행 통화신용정책보고서 (2023)

하락할 것으로 전망된다.

기준금리 인상 사이클 종료 임박

기준금리 인하를 앞둔 시점에서 국채투자는 매력적이다. 시장금리는 기준금리와 같은 방향으로 움직이는데, 채권 가격은 시장금리와 역의 관계이기 때문이다. 즉 기준금리가 하락하면 국채가격이 상승해 매매차익을 볼 수 있다.

코로나 팬데믹 기간 동안 소비 급등과 원자재 병목현상 때문에 글로벌 소비자물가는 가파르게 상승했다. 주요 중앙은행은 인플레이션을 통제하

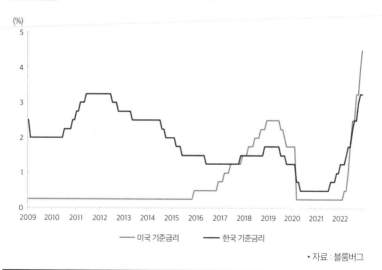

도표 10-22 **2009~2022년 미국, 한국 기준금리**

ㅡ미국 기준금리 ㅡ한국 기준금리

• 자료 : 블룸버그

기 위해 빠른 속도로 기준금리 인상 정책을 시행했고, 그 결과 2022년 12월 기준 미국 기준금리는 4.5%, 한국 기준금리는 3.25%까지 상승해 최근 10년 이래 가장 높은 수준을 기록했다(〈도표 10-22〉).

기준금리가 높은 수준을 기록한 만큼 하락폭도 그만큼 크다. 〈도표 10-23〉은 주요 아시아 국가의 2019년 12월과 2022년 12월 기준금리 변화폭을 비교한 자료다. 한국은 주요 아시아 국가 중 코로나 팬데믹 전 시점과 대비해 기준금리를 가장 많이 인상한 국가라는 것을 알 수 있다.

상황을 살펴보자. 최근 한국의 소비자물가는 고점을 기록하고 하락세로 접어들 것으로 예상된다. 〈도표 10-24〉는 2005~2022년 근원 소비자물가 Core CPI, 수입품 가격 추이를 나타낸다. 근원 소비자물가는 변동성이 큰 음

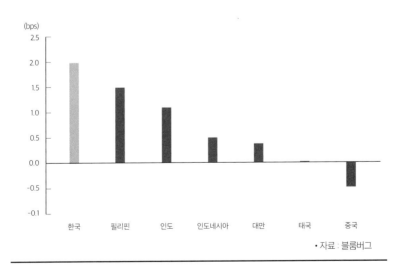

도표 10-23 2019년 12월 vs 2022년 12월 주요 아시아 국가 기준금리 변화폭

• 자료 : 블룸버그

식과 에너지 가격을 제외한 가격지수다. 2008년 근원 소비자물가가 5.6%까지 상승했던 상황을 살펴보자.

당시 수입품 가격이 근원 소비자물가보다 먼저 고점을 기록한 후 가파르게 하락했고, 근원 소비자물가는 시간차를 두고 하락세를 보였다. 2022년 역시 이와 동일한 양상을 보일 것으로 예상된다. 2022년 수입품가격이 먼저 고점을 기록한 후 하반기에 빠른 속도로 하락하고 있어, 소비자물가 또한 2023년 고점을 기록한 후 하락할 것으로 전망한다.

중앙은행이 기준금리 인하를 결정할 때 소비자물가뿐만 아니라 향후 경기 전망 역시 중요한 고려 요소다. 〈도표 10-25〉는 2005~2022년 제조업 및 비제조업 기업경기실사지수[BSI]로, 기업을 대상으로 경기 동향 및 전망을 조사한 지표이다. 해당 수치가 100 미만일 경우 향후 경기 전망을 부정

도표 10-24   2005년~2022년 근원 소비자물가 및 수입품 가격 추이

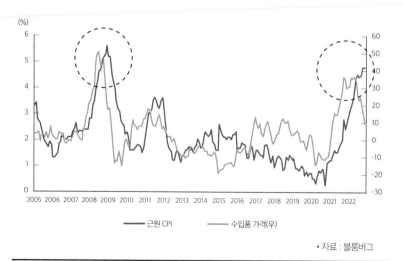

• 자료 : 블룸버그

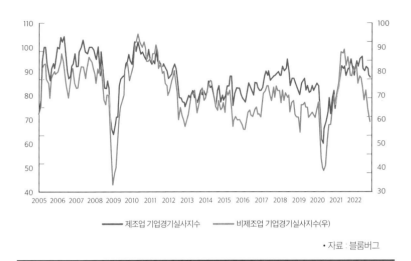

• 자료 : 블룸버그

적으로 보는 기업이 많다는 것을 의미한다. 비제조업 기업경기실사지수는 큰 폭의 변동이 없는 반면, 제조업 기업경기실사지수는 2021년 중반부터 가파른 속도로 꺾이기 시작해 수치가 70 아래까지 하락했다. 기업 종사자들이 보는 경기 전망이 굉장히 부정적임을 알 수 있다.

　실물경제 충격파가 클수록 정책금리와 시장금리가 하락하게 되므로, 국채는 경기침체 국면에 매우 유효한 투자전략이 될 것이다.

달러가치 상승 마무리 단계

　글로벌 기관투자자들 입장에서 원달러 환율은 한국 주식과 채권투자 시 가장 중요한 변수 중 하나일 것이다.

　한국 국채를 투자하는 외국인 투자자들의 수익구조를 보면 채권수익(1. 이자수익 2. 자본손익)과 통화손익으로 구성된다. 즉 채권투자 수익 못지않게 통화손익도 중요한 투자변수이다.

　미국 달러는 2009년 이후 강세국면이 지속되었으며, 특히 지난 2년 동안은 미 연준이 급격한 금리인상을 단행하여 주요 국가와의 금리차가 확대되었다(〈도표 10-26〉). 그러나 2023년 중반 이후 미국 금리인상 국면이 마무리되고 추후 정책금리를 인하한다면, 지난 수년간 지속되었던 달러 강

도표 10-26　지난 25년간 달러 추이

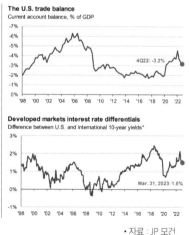

• 자료 : JP 모건

이머징통화 전망

Source: Bloomberg, Morgan Stanley Research forecasts

세국면이 마무리되면서 점진적으로 달러 약세국면으로 전환될 것으로 예상된다.

달러 강세국면이 마무리되면 이머징통화가 약세국면을 마무리하고 점진적으로 이머징통화 강세국면으로 전환될 것으로 예상된다. 〈도표 10-27〉은 모건스탠리 전망자료이다.

미국금리 인상국면이 마무리되는 것은 달러 대비 원화가치에도 긍정적인 영향을 줄 것으로 전망된다. 달러 대비 원화가치 상승은 글로벌 투자들에게 금리하락 전망과 더불어 한국 국채를 투자해야 하는 또 다른 중요한 투자동인Driver으로 작용될 것이다.

Chapter 11

● ● ●

채권시장에 영향을
미치는 경제지표

● ● ●

채권투자는 거시경제 판단이 전부라고 해도 과언이 아니다. 경기상황 변동에 대한 판단이 채권투자수익을 결정하는 가장 중요한 변수이기 때문이다. 그러나 일반투자자가 채권에 영향을 미치는 중요한 경제변수가 어떤 것인지, 그리고 그 경제변수가 의미하는 것이 무엇인지 정확히 이해하기란 쉽지 않다. 따라서 이번 11장에서는 채권시장에 중요한 경제지표와 각 지표가 의미하는 바를 설명하겠다.

채권시장에 영향을 끼치는 경제지표 순위

시장영향력	경제지표
1	고용보고서(Employment Situation Report)
2	소비자물가지수(Consumer Prices index)
3	ISM 제조업구매자지수(ISM Report -Manufacturing)
4	생산자물가지수(producer price index)
5	주간 실업수당 청구 건수(Weekly Claims for Unemployment Insurance)
6	소매판매(Retail Sales)
7	주택건축 착공건수(Housing Starts)
8	개인소득과 소비(Personal Income and Spending)
9	ADP전국고용보고서(ADP National Employment Report)
10	국민총생산(GDP)

• 자료 : Pearson Education, Inc.

　　미국 와튼스쿨에서 발행한 〈경제지표의 비밀The Secrets of Economic Indicators〉에서는 미국 경제지표 중 채권시장에 가장 영향을 미치는 상위 10위 경제지표를 〈도표 11-1〉과 같이 정리했다. 순위가 높을수록 해당 경제지표의 영향력이 높은 것이다. 이 중에서 영향력 상위 5개 경제지표만 이해해도 충분할 것이다. 다음과 같다.

① 고용보고서Employment Situation Report

② 소비자물가Consumer Prices

③ 제조업구매자지수ISM Report-Manufacturing

④ 생산자물가지수^{Producer Prices}

④ 생산자물가지수Producer Prices

⑤ 주간 실업수당 청구 건수Weekly Claims for Unemployment Insurance

5개 경제지표는 주식시장에서도 매우 중요하다. 다만 영향력 측면에서 순위가 조금 달라질 뿐이다. 흥미로운 점은 주식시장과 채권시장 모두 고용(상황)보고서가 가장 영향력이 큰 경제지표라는 것이다.

경제지표 01. 고용보고서

고용(상황)보고서는 노동시장과 관련해 매월 첫 번째 금요일에 미국 노동통계청에서 발행하는 월간보고서이다. 주요 내용은 다음과 같다.

① **실업률**Unemployment rate : 실업자수를 노동인력 비율로 표현한 것이다.

② **비농업부문 고용인구**Non-farm payroll emplyment : 농업을 제외한 민간 및 정부에서 근무하고 있는 노동인구로, 정규직과 비정규직 모두를 포함한다.

③ **비농업부문 주당평균 근무시간**Average workweek

④ **평균 시간당 임금**Average hourly earnings : 주요 산업의 시간당 임금이다.

고용보고서는 금융시장에 가장 큰 영향을 줄 수 있는 지표로, 투자자에

THE EMPLOYMENT SITUATION — FEBRUARY 2023

Total **nonfarm payroll employment** rose by 311,000 in February, and the **unemployment rate** edged up to 3.6 percent, the U.S. Bureau of Labor Statistics reported today. Notable job gains occurred in leisure and hospitality, retail trade, government, and health care. Employment declined in information and in transportation and warehousing.

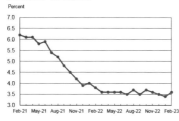

Chart 1. Unemployment rate, seasonally adjusted, February 2021 – February 2023

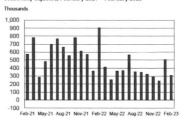

Chart 2. Nonfarm payroll employment over-the-month change, seasonally adjusted, February 2021 – February 2023

This news release presents statistics from two monthly surveys. The household survey measures labor force status, including unemployment, by demographic characteristics. The establishment survey measures nonfarm employment, hours, and earnings by industry. For more information about the concepts and statistical methodology used in these two surveys, see the Technical Note.

Household Survey Data

Both the **unemployment rate**, at 3.6 percent, and the number of **unemployed persons**, at 5.9 million, edged up in February. These measures have shown little net movement since early 2022. (See table A-1.)

고용현황

2월 중 총비농업 고용은 31만 1천 명 증가하였으며 실업률은 3.6% 정도까지 올랐다고 미국 노동통계국이 오늘 발표했다. 일자리는 여가활동, 소매판매업, 정부, 헬스케어 쪽에서 유의미한 상승을 보였고 정보, 교통, 창고업에서 고용이 감소했다.

가계조사통계

2월 중 실업률과 실업자 모두 3.6%, 590만 명으로 상승했다. 1년 전인 2022년 2월과 비교해보면 순변화는 거의 없었다.

게 매우 중요한 지표이다. 고용보고서는 임금^{Wage}과 고용성장$^{Job\ growth}$에 관한 시의적절한 정보를 제공한다. 그래서 수많은 경제분석가는 고용보고서를 미국경제 건전성^{Health}을 측정하는 가장 정확한 지표로 삼고 있다. 월간 경제지표 중 가장 먼저 발표되며, 월중 발표되는 다른 경제지표에 방향을 보여주는 경향이 있다. 참고로 〈도표 11-2〉는 2023년 3월에 발표된 고용보고서이다.

비농업부문 고용인구

비농업부문 고용인구는 금융시장에 상당한 영향을 준다. 이 지표는 노동통계의 벤치마크로 간주되며, 방대한 샘플 규모와 장기간 기록으로 경기사이클을 정확하게 예측할 수 있게 한다. 그래서 노동시장의 건전성을 판단하는 지표로 활용된다. 비농업부문 고용인구는 미국 전체 노동자의 80%를 차지하고 국내총생산^{GDP}에 기여하는 미국 비즈니스 부문에서 약 80%를 차지한다. 이 동세는 경기동행 지표$^{Coincident\ indicator}$에 해딩한다.

실업률

실업률은 비농업부문 고용인구와 함께 가계부문 보고서에서 가장 주목받는 지표이다. 또한 경기후행 지표$^{Lagging\ indicator}$이기도 하다. 경제나 기업의 상황이 악화되면 종업원의 해고가 증가하기 때문이다.

채권시장 영향

고용보고서는 채권뿐만 아니라 주식시장을 포함한 미국 금융시장에서

　고용보고서가 채권시장에 미치는 영향

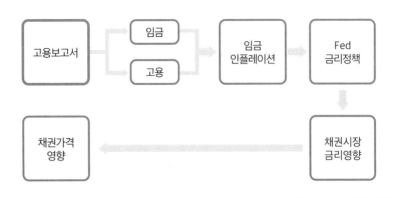

　고용보고서 요약

구분	주요 내용
의미	미국 경제지표 중 가장 중요한 지표
	주식, 채권, 외환시장에 큰 영향을 미치는 지표
주요 내용	실업률
	비농업부문 고용인구
	주당근무시간, 평균 시간당이익
통계대상	전월 고용현황
발표시기	매달 첫 번째 금요일 오전 8시 30분(미국 동부시간 기준)에 발표
발표기관	미 노동통계청

가장 중요한 경제자료이다. 임금^{Wage}과 고용동향$^{Employment\ trends}$에 대한 직관적 정보를 제공한다. 임금과 고용동향은 임금인플레션이$^{Wage\ Inflation}$에 영향을 미치게 되고, 다시 미국 연준리^{FRB} 금리정책에 영향을 주게 된

다. 미국 GDP 중 가계소비^{Consumption}가 2/3를 차지하기 때문에, 임금인플레이션은 미국 연준리 의사결정에 영향을 주는 중요 변수이다. 미 연준리 금리가 인상되면 장기국채 금리가 상승하게 되어 국채펀드에 부정적인 영향을 준다. 만약 임금인플레이션이 줄어들면 연준리가 금리를 인하하게 되고, 이는 다시 채권(국채)시장금리의 하락을 유발하게 되어 투자채권 가격이 상승하게 된다.

경제지표 02. 소비자물가지수

소비자물가지수^{CPI; Consumer Price Index}는 매월 미국 노동통계국에서 발표하는 자료로, 소비자가 구입하는 상품이나 서비스의 가격변동을 나타내는 지수이다. 현재 경제상황이 인플레이션^{Inflation}, 디플레이션^{Deflation}, 또는 스태그플레이션^{Stagflation}인지 판단하는 지표이기도 하다. 소비자물가지수는 미국 연준리, 주요 은행, 기업들의 금융의사결정을 하는 데 중요하다. 또한 개별투자자들에게는 자산배분 의사결정(포트폴리오 내 주식과 채권의 비중)을 할 때 반드시 참고해야 하는 지표이다.

일반 소비자물가지수 vs 핵심 소비자물가지수

소비자물가지수는 크게 일반 소비자물가지수^{CPI}와 핵심 소비자물가지수^{Core CPI}로 나누어 발표된다. 일반 소비자물가지수는 말 그대로 일반적인 물가지수이다. 핵심 소비자물가지수는 일반 소비자물가지수에서 변동성

일반 CPI와 핵심 CPI

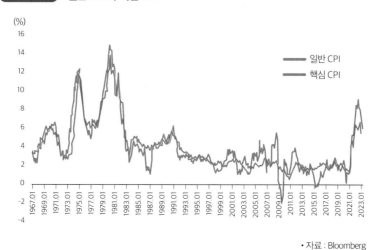

• 자료 : Bloomberg

이 높은 음식료와 에너지를 차감해 계산한 물가지표이다.

핵심 소비자물가지수는 특정 가격 수준의 장기적인 추세를 반영한다. 단기적인 가격변동성이 장기적인 인플레이션 추세판단을 힘들게 하기 때문에, 단기적 변동성이 높은 에너지와 식음료 섹터를 제거해 인플레이션 추세를 장기적으로 파악하고자 하는 것이다.

채권시장 영향

소비자물가지수는 인플레이션을 보여주는 최적의 지표이다. 보통 중앙은행에서 기준금리를 결정할 때 가장 중요하게 고려하는 것이 인플레이션(물가상승) 지표이다. 정책을 수립하기 위해서는 단기적인 변동성을 배제한 추세인플레이션을 확인해야 하므로, 핵심 소비자물가지수가 더 중요한 지표이다. 인플레이션 변화는 각국 중앙은행의 통화정책 변화를 유도하게 되어 채권시장금리에 영향을 미친다.

CPI와 PCE의 비교

미국에서 인플레이션을 측정하는 방법은 2가지다. 하나는 미국 노동통계국에서 발표하는 소비자물가지수^{CPI}이며, 또 하나는 미국 경제분석국에서 발표하는 개인소비지출^{PCE} 지표이다. 일반적으로 소비자물가지수가 더 알려져 있는데, 이는 소비자물가지수가 수많은 금융계약$^{Financial\ contract}$과 사회보장제도 변경에 연계되어 있기 때문이다. 하지만 연준리^{FRB}는 개인소비지출 관점에서 인플레이션 목표를 설정한다.

두 지표 차이의 주된 요인은 두 지수의 비중, 즉 상대적 중요성이 다르기 때문이다. 예를 들어 <도표 11-6>에서 주택 관련 비중이 소비자물가지수에서는 31%인 반면, 개인소비지출에서는 15%에 불과하다. 연준리는 핵심 개인소비지출 인플레이션 지표가 2%를 초과하면 금리인상을 하겠다는 목표를 가지고 있다.

다시 말해 소비자물가지수는 개인 관점에서 중요한 지표인 반면, 개인소비지출 지표는 통화정책 관점에서 매우 중요한 지표이다. 따라서 연준리의 장기적 인플레이션 추세지표로 개인소비지출 지표가 더 적합하다.

도표 11-6 **소비자물가지수와 개인소비지출 지표의 비교**

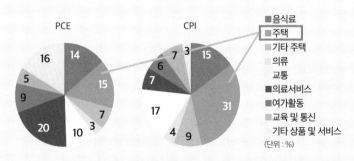

• 자료 : Haver analytics, SG Cross Asset Research/Economics

경제지표 03. ISM 제조업구매자지수

　제조업구매자지수^{PMI ; Purchasing Managers' Index}는 제조업의 경제건전성 Economic health을 보여주는 지표이다. 제조업구매자지수는 신규주문New orders, 재고수준Inventory level, 생산Production, 배송속도Supplier deliveries, 고용환경Employment, 소비자 재고Customer inventory, 물가Price, 수주잔량Backlog, 신규수출 주문New export order, 수입Import의 10가지 지표로 구성된다. 기업의사 결정권자, 애널리스트, 그리고 기업구매자에게 현재 경영환경에 대한 정확한 정보를 제공하는 것을 목적으로 하고 있다. 주요 내용은 다음과 같다.

- 공급자협회ISM; Institute for Supply and Management에서 300개 기업의 구매담당 임원에게 월간단위 조사를 하여 PMI 관련 정보를 얻는다.
- 제조업구매자지수가 전월 대비 50 이상이면, 제조업 경기가 확장 국면을 나타내는 것이다. 반면 전월 대비 50 이하인 경우는 경기 수축을 의미한다. 만약 50이면 전월 대비 변동이 없는 것이다.
- 공급관리자협회에서 매월 제조업구매자지수를 발표한다. 공급 자협회는 여러 가지 지표를 발표하는데, 제조업구매자지수가 가장 많은 주목을 받는다. 그래서 때때로 ISM지수라고 호칭하기도 한다.

지난 75년간 ISM 제조업구매자지수와 경기침체

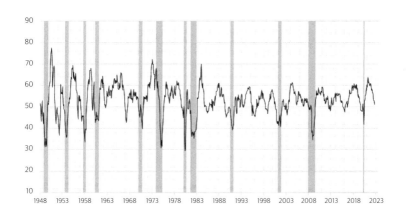

• 자료 : Bloomberg, 회색 부분은 경기침체 구간

2000년 이후 ISM 제조업구매자지수와 경기침체

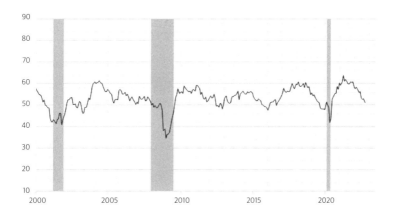

• 자료 : Bloomberg, 회색 부분은 경기침체 구간

채권시장 영향

투자자는 제조업구매자지수를 통해 미국 전역의 경제상황을 이해할 수 있다. 지표가 상승하면 기업의 이익이 상승하기 때문에 주식시장 상승을 기대할 수 있다. 또한 잠재인플레이션 민감도 때문에 금리상승이 기대되어 채권가격 하락을 전망할 수 있다. 만약 몇 달간 연속적으로 50 이하라면, 경기침체 신호로 해석할 수 있다. 이때는 금리하락으로 채권가격이 상승하게 된다.

〈도표 11-7〉은 PMI지수와 추이와 경기침체 구간을 동시에 보여준다. 지난 70년 동안 단 두 차례를 제외하고는 PMI지수가 51 이하가 되었을 때

도표 11-9 ISM 제조업구매자지수 세부내역

MANUFACTURING AT A GLANCE
March 2023

Index	Series Index Mar	Series Index Feb	Percent PMI Change	Direction	Rate of Change	Trend* (Months)
Manufacturing PMI®	46.3	47.7	-1.4	Contracting	Faster	5
New Orders	44.3	47.0	-2.7	Contracting	Faster	7
Production	47.8	47.3	+0.5	Contracting	Slower	4
Employment	46.9	49.1	-2.2	Contracting	Faster	2
Supplier Deliveries	44.8	45.2	-0.4	Faster	Faster	6
Inventories	47.5	50.1	-2.6	Contracting	From Growing	1
Customers' Inventories	48.9	46.9	+2.0	Too Low	Slower	78
Prices	49.2	51.3	-2.1	Decreasing	From Increasing	1
Backlog of Orders	43.9	45.1	-1.2	Contracting	Faster	6
New Export Orders	47.6	49.9	-2.3	Contracting	Faster	8
Imports	47.9	49.9	-2.0	Contracting	Faster	5
OVERALL ECONOMY				Contracting	Faster	4
Manufacturing Sector				Contracting	Faster	5

Manufacturing ISM® *Report On Business®* data is seasonally adjusted for the New Orders, Production, Employment and Inventories indexes.
*Number of months moving in current direction.

경기침체가 시작되었다. 51 이상에서는 경기침체에 들어가는 경우가 거의 없었다. 〈도표 11-8〉은 2000년 이후 지표로 경기침체와 PMI지수 관계를 좀 더 자세히 볼 수 있다.

〈도표 11-9〉의 세부내역을 보자. PMI지수뿐만 아니라 신규주문^{New Orders}, 수주잔고^{Backlog of Orders}, 수출잔고^{New Export Orders} 등 핵심지표를 반드시 체크할 필요가 있다. 특히 수주잔고는 향후 수요가 증가하는지 판단하는 기준이 된다. PMI지수는 미국 제조업의 선행지표지만, 소비가 경제의 70%를 차지하는 미국경제를 완전히 대변하기에는 부족하다. 그래서 최근 PMI지수가 경제전환을 예상하는 지표를 보이면 바로 포트폴리오를 변경하는 것보다, 다른 경제지표들도 경제가 전환함을 확인해주는 시점까지 기다렸다가 포트폴리오 의사결정을 하는 것이 바람직하다.

경제지표 04. 생산자물가지수

생산자물가지수^{PPI; producer price index}는 생산자^{Producer}가 받는 판매물과 서비스 가격의 평균적 변동을 측정하는 지표이다. 생산자물가지수는 인플레이션이나 디플레이션 지표로 사용된다. 소비자물가지수^{CPI}는 소비자 관점에서 가격변화를 측정하는 반면, 생산자물가지수^{CPI}는 판매자 관점에서 가격변동을 측정하는 지표이다. 과거에 생산자물가지수는 도매물가지수로 불렸다. 그래서 도매수준 가격변동을 체크하는 지표이기도 하다. 생산자물가지수 구성과 비중은 〈도표 11-10〉과 같다.

생산자물가지수 구성요소

생산자물가지수는 완성품^{Finished goods}, 중간재^{Processing}, 원료, 3가지로 구성되어 있다. 그중에서 중간재와 원료 단계의 물가가 미래 물가상승에 대한 초기지표로서 더 효율적인 지표이다. 〈도표 11-11〉은 미국 노동통계청에 매월 발표하는 발표문의 일부이다.

채권시장 영향

생산자물가지수는 월 중 가장 빠르게 접할 수 있는 인플레이션 지표이다. 소비자물가지수보다 영업일수로 3~4일 전에 발표되기 때문에 투자 참고지표로 효과적이다. 투자자에게 생산자물가지수의 가장 중요한 역할은 소비자물가를 예측할 수 있게 해주는 것이다. 제조원가 상승은 결국 소비자들에게 전가되기 때문이다. 소비자물가지수가 인플레이션 측정에 주요 지표라면, 생산자물가지수는 인플레이션 변화에 대한 사전^{Preview}지표이다.

PRODUCER PRICE INDEXES – FEBRUARY 2023

The Producer Price Index for Final Demand decreased 0.1 percent in February, seasonally adjusted, the U.S. Bureau of Labor Statistics reported today. Final demand prices advanced 0.3 percent in January and declined 0.2 percent in December 2022. (See table A.) On an unadjusted basis, the final demand index rose 4.6 percent for the 12 months ended in February.

In February, the decline in the final demand index was led by prices for final demand goods, which fell 0.2 percent. The index for final demand services edged down 0.1 percent.

The index for final demand less foods, energy, and trade services increased 0.2 percent in February after rising 0.5 percent in January. For the 12 months ended in February, prices for final demand less foods, energy, and trade services advanced 4.4 percent.

Chart 1. One-month percent changes in selected PPI final demand price indexes, seasonally adjusted

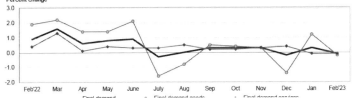

생산자물가

생산자물가는 2월에 0.1% 감소하였다고 미국 노동통계국이 오늘 발표했다. 생산자 가격은 12월에 0.2% 하락하였다가 1월에 0.3% 상승하였다(테이블 A). 2월 생산자물가지수 하락은 0.2% 하락한 제품 가격에 의해 주도되었고 서비스 가격도 0.1% 하락했다.

〈도표 11-12〉는 2000년 이후 핵심 소비자물가지수Core CPI와 핵심 생산자물가지수Core PPI를 비교한 자료이다. 생산자물가가 소비자물가의 선행지표 역할을 실제로 하는지 확인할 수 있다. 특히 경기침체 이후 경기가 회복할 때 생산자물가가 먼저 회복하고, 시차를 두고 소비자물가가 상승한 것을 뚜렷이 확인할 수 있다.

핵심 소비자물가지수와 핵심 생산자물가지수의 비교

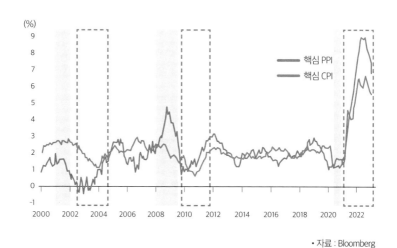

• 자료 : Bloomberg

생산자물가지수가 채권시장에 미치는 영향

인플레이션 변화는 곧 채권시장 금리변화를 의미한다. 생산자물가지수가 어떤 과정을 통해 시장에 영향을 미치는지 〈도표 11-13〉을 통해 이해할 수 있을 것이다. 이는 다른 모든 경제요소가 동일하다고 가정할 때, 채권시장에 영향을 미치는 경로를 보여준다. 생산자물가지수는 다음과 같이 활용하면 된다.

- 생산자물가지수^{PPI}는 개별수치보다는 좀 더 광범위하게 비교·분석해야 한다.

- 발표된 달^{Month}의 수치를 최근 2~3개월과 비교해 판단하자.

- 과거 6개월 내지 12개월 이동평균으로 보자.

- 연간 변동인플레이션으로 확인하라.

- 경기가 새로운 방향으로 전환되고 있는지 판단하려면 개별수치보다는 추세^{Trend}를 확인하는 것이 중요하다.

경제지표 05. 주간 실업수당 청구 건수

주간 실업수당 청구 건수$^{Weekly\ claims\ for\ unemployment\ insurance}$, 혹은 초기 실입수당 청구 건수$^{Initial\ claims}$는 실직한 사람이 실업수당을 받으려고 최초로 청구하는 건수이다. 이 수치는 경제방향에 대한 직관적인 정보를 주기 때문에 금융시장 전문가에게 중요한 지표이다. 초기 실업수당 청구 건수가 많아지면 경제상황은 악화된다고 볼 수 있다. 주요 내용은 다음과 같다.

실업수당 청구 건수가 채권시장에 미치는 영향

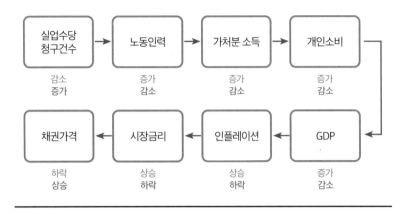

- 매주 목요일 발표되며, 현재 경제상황을 시의적절하게 반영하는 경제지표이다.
- 매주 발표되는 자료이므로 4주 이동평균을 계산하며 좀 더 신뢰성 있는 지표가 된다.
- 실업수당 청구 건수가 주목받는 것은 취업 시장이 양호할수록 경제가 양호해진다는 간단한 논리 때문이다.
- 노동인력이 많아질수록 더 많은 개인소비를 할 수 있는 가처분소득이 증가하게 되고, 노동인력이 많아질수록 GDP가 커지게 된다.

〈도표 11-14〉는 실업수당 청구 건수가 채권시장에 어떻게 영향을 미치는지 보여준다(다른 모든 경제요소가 동일하다는 전제). 실업수당 청구 건수

지표는 개인들의 가처분소득 증가에 영향을 주고, 이는 다시 개인소비에 영향을 준다. 개인소비는 다시 인플레이션을 통해 채권시장에 영향을 준다.

채권시장 영향

실업수당 청구 건수는 고용시장과 경제에 대한 중요한 선행지표Leading indicator이다. 경제전문가들은 이 지표를 미래 경제활동의 예측지표로서 활용한다. 실업수당 청구 건수가 많아지면 향후 경제하락을 예상하며, 청구 건수가 지속적으로 감소하면 미래에 경제회복을 예상한다.

〈도표 11-15〉는 지난 40년간 실업수당 청구 건수와 경기침체의 관계를 보여주는 자료이다. 과거 경기침체 전에는 실업수당 청구 건수가 증가하는 모습을 볼 수 있다. 경기선행 지표로서 실업수당 청구 건수가 매우

도표 11-15　주간 실업수당 청구 건수와 4주 이동평균

• 자료 : Bloomberg, 회색 부분은 경기침체 구간

유용하다는 것을 확인할 수 있다.

11장에서는 주요 경제지표가 채권시장과 채권가격에 어떤 영향을 주는지 알아봤다. 지금까지 설명한 주요 경제지표와 채권시장 영향을 간단히 정리하면 〈도표 11-16〉과 같다.

도표 11-16   **주요 경제지표가 채권시장에 미치는 영향**

주요 경제지표			투자적격채권 가격	하이일드채권 가격
고용보고서	실업률	증가	가격상승	가격하락
		감소	가격하락	가격상승
	비농업부문 고용	증가	가격하락	가격상승
		감소	가격상승	가격하락
소비자물가지수		증가	가격하락	가격상승
		감소	가격상승	가격하락
ISM 제조업구매자지수		증가	가격하락	가격상승
		감소	가격상승	가격하락
생산자물가지수		증가	가격하락	가격상승
		감소	가격상승	가격하락
실업수당 청구 건수		증가	가격상승	가격하락
		감소	가격하락	가격상승

• 모든 경제요소가 동일하다는 가정을 전제로 하며, 실제로는 더 복잡하게 움직일 수 있다.

Chapter 12

●●●

채권은 주식의 미래다

●●●

주식은 실물경제의 선행지표 역할을 하지만, 채권은 주식의 선행지표 역할을 할 수 있다. 따라서 우리는 채권시장 지표를 채권투자뿐만 아니라 주식투자를 현명하게 하기 위해서라도 반드시 정확하게 이해하고 활용하는 것이 필요하다. 12장에서는 이에 대해 정리해보겠다.

경기선행 지표로 활용하는 채권지표의 종류

경기선행 지표로써 채권지표를 정리하면 다음과 같다.

- **국채시장 → 장단기 국채금리**
  : 미국국채 10년과 2년(or 3개월)의 금리차
- **회사채시장 → 하이일드채권 가산금리**
  : 미국국채 금리와 하이일드채권 금리차

앞에서 정리한 금리지표가 채권시장에서 가장 대표적으로 활용되는 위험지표다. 주식시장은 미시적인 사항이나 개별기업 수준에 집중하는 반면, 채권시장은 거시적인 사항에 집중한다. 그러므로 채권시장에서 나오는 시장위험 지표가 주식시장의 위험지표보다 더 선행한다고 할 수 있다. 대략적인 경제상황에 대한 반영속도를 보면 다음과 같이 정리할 수 있다.

① 채권시장 > ② 주식시장 > ③ 실물경제

즉 실물경제에 선행하는 주식보다 채권시장이 더 먼저 반응한다고 볼 수 있다.

도표 12-1	채권시장에서 위험지표로 활용되는 금리지표	
구분	계산방법	의미
국채 장단기 금리	10y - 2y or 3m	장기(12개월)시장 선행지표
하이일드 가산금리	하이일드금리 - 국채금리	단기(3~6개월)시장 선행지표

장단기금리 역전현상, 경기침체를 예측한다

단기국채 금리가 장기국채 금리보다 높게 형성되는 장단기금리 역전현상은 지난 50년(1960년 후반부터 현재까지)간 발생한 7번의 경기침체를 정확하게 예측했다. 2000년 이후 최근까지 발생한 세 차례 장단기금리 역전현상은 2000년, 2006년, 2022년에 발생했는데, 2000년과 2006년 모두 발생

| 도표 12-2 | 지난 40년간 장단기금리 역전현상과 경기침체 |

• 자료 : Bloomberg, 회색 부분은 경기침체 구간

시점으로부터 1년 뒤에 미국경제가 침체로 들어섰다. 2022년 10월에 장단기금리 역전현상이 나타난 후 아직까지는 본격적으로 경기침체에 들어서지 않았으나, 2023년 하반기에는 경기침체 국면에 진입할 것으로 예상된다. 따라서 주식이 실물경제보다 선행지표이지만, 국채금리 역전현상은 실물경제보다 무려 12개월 선행하므로 주식시장의 선행지표로 활용된다.

〈도표 12-2〉를 보면 지난 40년간 모든 경기침체 12개월 전에 미국 장단기(10y-2y) 국채금리가 역전되는 현상이 발생했다. 참고로 〈도표 12-2〉는 장기금리에서 단기금리를 차감하는 방법으로 금리차(%)를 계산한 것이다. 정상적으로 장기금리가 단기금리보다 높은 경우에는 플러스값을 가지는 반면, 장단기금리 역전하는 경우에는 마이너스값을 가진다. 따라서 도표에서 숫자 0 이하는 모두 장단기금리가 역전된 상황이다.

장단기금리 역전현상

역사적으로 장단기금리 역전현상Inverted Yield Curve은 임박한 경기침체 지표로 해석한다. 이유는 다음과 같다. 단기금리는 중앙은행의 정책금리에 상당한 영향을 받는다. 만약 인플레이션이 상승할 것으로 예상되면, 중앙은행은 정책금리를 높게 유지하게 되고 이에 단기국채금리도 높게 유지된다. 그런데 시장참여자가 향후 경제를 불투명하게 판단해 장기국채를 적극적으로 매수하면 국채가격의 상승, 즉 장기국채 금리가 하락하게 된다. 이때 장기금리가 단기금리보다 낮게 형성되어 장단기금리가 역전되는 상황이 발생하는 것이다.

국채시장 참여자들은 주로 글로벌 연기금들이나 각국 중앙은행이다. 이

국채금리 구조

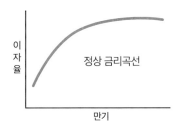

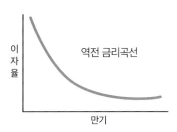

들이 장기적인 거시경제 환경을 판단해 투자하기 때문에, 이런 투자자들이 적극적으로 장기국채를 매수한다는 것은 곧 경제가 침체할 가능성이 높다는 신호로 받아들여진다. 마치 천재지변이 일어나기 전에 동물들이 떼를 지어 피난하는 것과 같다고 할 수 있다.

〈도표 12-3〉을 보자. 일반적으로 단기금리가 낮고 장기금리일수록 높게 형성되는 우상향 곡선이 정상적인 금리곡선^{Yield curve}이다. 만기가 길수록 금리가 높게 형성되는 이유는 장기채권일수록 투자자가 위험프리미엄을 높게 요구하기 때문이다. 그러나 경기침체 전망이 우세할 경우에는 시장참여자들이 장기국채 매수를 많이 하게 되어 장기금리가 하락해 단기금리보다 낮게 형성되는 장단금리 역전현상이 발생한다.

금리구조는 경제성장의 선행지표

국채금리구조 기울기로 다음과 같이 경기를 전망할 수 있다.

- 경기전망이 양호할수록 기울기가 우상향 방향으로 급해진다.

- 경기전망이 둔화될수록 금리구조 기울기가 완만해진다.

- 경기가 침체국면으로 예상되면 금리구조는 장단기금리가 역전된다.

　　우상향에서 수평적으로 금리곡선이 변화하는 것은 향후 시장전망을 점차 부정적으로 보는 견해가 늘어나고 있다는 뜻이다. 반대로 장단기금리가 역전되어 있다가 금리곡선이 수평으로 변하는 것은 점진적으로 경기가 개선될 것으로 보는 견해가 늘어나고 있다는 뜻이다(<도표 12-4>, <도표 12-5>).

도표 12-4　　**금리구조와 경기전망**

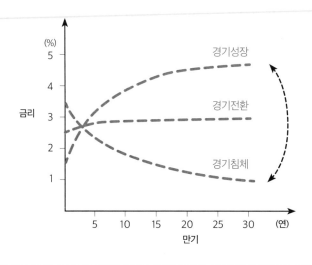

도표 12-5	금리곡선 변화와 경기전망	
금리곡선 변화방향		의미
변경 전	변경 후	
우상향	수평	경기상황 악화전망
좌상향	수평	경기상황 개선전망

〈도표 12-6〉은 금리구조가 얼마나 정확하게 주식시장에 대한 선행지표 역할을 하는지 알 수 있는 자료이다. 도표를 보면 장단기금리가 역전된 시점(2006.9)부터 정확하게 1년 뒤(2007.11)에 주식시장이 고점을 찍고 하락하기 시작했다. 또한 경기침체는 2008년 중순부터 시작되었다.

〈도표 12-7〉은 1992년 이후 2021년 말까지 지난 30년간 미국의 장단기 금리차와 경기침체를 동시에 보여주는 그래프이다. 이 도표는 필자가

도표 12-6   **주식시장의 선행지표 역할을 하는 금리구조**

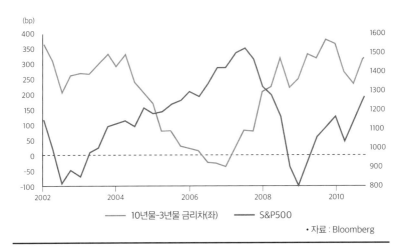

• 자료 : Bloomberg

지난 30년간 미국의 장단기 금리차와 경기침체

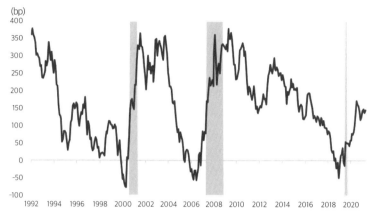

• 자료 : Bloomberg, 회색 부분은 경기침체 구간

2006년 9월에 활용한 적이 있는 자료로, 독일 드레스드너 증권사가 미국 장단기금리차와 경기침체를 분석해 발행한 리포트이다. 2006년 9월에 미국 장단기금리가 역전되기 시작하고 있어, 이를 미국 경기침체 신호로 해석한 자료이다. 당시에 한국과 글로벌 주식은 장기호황 국면을 지속하고 있어 대다수 투자자는 주식 내지 주식펀드에 열을 올리던 시기였다.

결국 이 보고서가 전망한 대로 장단기금리 역전현상이 발생한 1년 뒤, 2007년 10월을 고점으로 주식상승 랠리가 끝났다. 실제로 장단기금리(10y-2y)가 역전현상을 보일 때 미국 분기별 GDP는 1년 정도 뒤에 실질성장률이 마이너스를 보였다.

금리구조로 계산하는 경기침체 확률

실제로 미국 FRB에서는 국채 금리구조$^{Yield\ curve}$의 기울기^{Slope}를 미국 경기침체 확률을 계산하는 데 활용하고 있다. 〈도표 12-9〉를 보자. 도표에서 장단기금리가 역전된 기간이 길어질수록, 폭이 깊어질수록, 경기침체 확률이 올라가게 되어 있다. 경기예측을 하는 데 매우 유용한 지표인 것이다.

지금까지 장단기 금리차는 경기예측, 특히 경기침체를 예측하는 훌륭한 지표라고 설명했다. 이를 정리하면 다음과 같다.

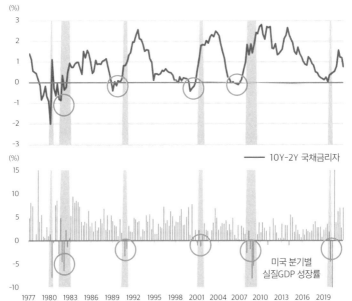

도표 12-8 **장단기 금리차와 분기별 GDP**

• 자료: Bloomberg, 회색 부분은 경기침체 구간

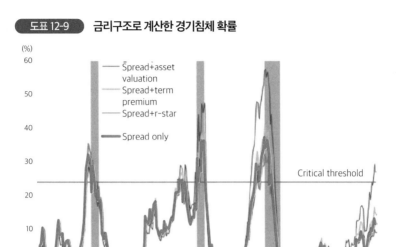

금리구조로 계산한 경기침체 확률

• 자료 : FRBSF,회색 부분은 경기침체 구간

- 장단기 금리차(=10년 국채금리 - 2년 국채금리) 값의 플러스(+)가 클수록 경기가 양호할 것으로 전망
- 장단기 금리차(=10년 국채금리 - 2년 국채금리) 값의 플러스(+)가 작아질수록 경기성장이 둔화될 것으로 예상
- 장단기 금리차(=10년 국채금리- 2년 국채금리) 값이 마이너스(-)가 되면 경기침체에 임박할 것으로 예상

〈도표 12-10〉은 지난 30년간 월별 장단기금리 스프레드(금리차)와 경기침체까지의 소요기간(월)을 보여주는 자료이다. 각 장단기 금리차 수준에서 경기침체까지 몇 개월이 소요되는지 그래프화해 경기예측을 하는 자

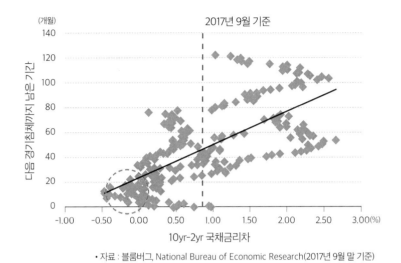

도표 12-10 장단기 금리차와 경기침체

(개월)

다음 경기침체까지 남은 기간

2017년 9월 기준

10yr-2yr 국채금리차

• 자료 : 블룸버그, National Bureau of Economic Research(2017년 9월 말 기준)

료이다.

　도표를 자세히 보면 월별 장단기금리 스프레드(금리차)와 경기침체까지의 소요기간은 우상향, 즉 정비례 관계인 것을 알 수 있다. 플러스값이 클수록 경기침체와는 멀리 있다는 뜻이며, 마이너스에 가까울수록 경기침체와는 상대적으로 가까이 있다는 뜻이다.

　도표에서 원으로 표시한 부분을 보자. 이는 장단기 금리차가 마이너스인 모든 데이터가 20개월 내에 경기침체에 도달했다는 뜻이다. 또한 2017년 9월 기준으로 금리차는 0.8% 수준인데, 그래프를 보면 0.8% 수준에서 경기침체까지는 20개월 이상이 소요되었다. 즉 향후 최소 20개월 정도는 경기가 순항할 것으로 예측할 수 있는 것이다.

하이일드 가산금리는 주식시장의 선행지표다

가산금리는 채권을 발행할 때, 국채 대비 발행회사의 신용위험에 대한 보상차원에서 추가금리를 더해 발행한 금리이다. 그래서 신용등급이 낮을수록 가산금리는 커진다. 이론적으로 가산금리는 국채 대비 개별회사 위험에 대한 보상으로 사용되어 위험프리미엄^{Risk Premium} 성격으로 정의되지만, 실제 전문가들에게 가산금리는 채권시장에서 인지되는 시장위험^{Risk Perception}으로 널리 활용되고 있다. 일반투자자에게는 시장리스크^{Market risk}로 해석된다. 경기상황과 가산금리의 관계를 정리하면 다음과 같다.

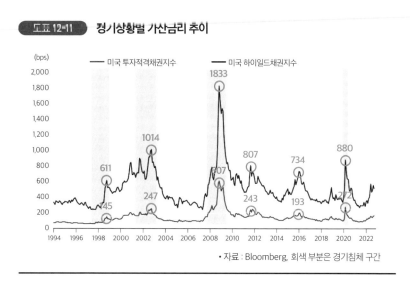

도표 12-11 경기상황별 가산금리 추이

• 자료 : Bloomberg, 회색 부분은 경기침체 구간

도표 12-12	경기상황에 따른 금리영향	
경기상황	국채금리	가산금리
나쁨	-	+
좋음	+	-

- 경기상황이 악화되면, 시장위험이 증가하기 때문에 가산금리가 확대된다.
- 경기상황이 개선되면, 시장위험이 감소하기 때문에 가산금리가 축소된다.

참고로 동일한 경제상황에서 국채금리와 가산금리는 반대 방향으로 작동된다. 일반적으로 경기가 안 좋으면 국채금리는 하락하는 반면, 가산금리는 채권시장에서 시장위험으로 인식되기 때문에 오히려 금리가 상승하게 된다. 반대로 경기가 양호한 상황에서는 인플레이션 우려 때문에 국채금리는 상승하는 반면, 시장리스크를 반영하는 가산금리는 축소된다.

그렇다면 가산금리는 어떤 의미일까? 신용 가산금리Credit Spread는 투자자에게 경제가 어디로 가고 있는지 알려주는 중요한 지표이다. 개별회사의 수익성 개선과 낮아지는 부도율은 경제가 개선되고 있다는 신호이다. 이것은 투자자들이 회사채권을 좀 더 긍정적으로 보게 하고, 이는 다시 신용 가산금리Credit Spread가 축소되는 결과를 만든다.

게다가 경제가 회복되면 연준리가 이자율을 인상해 인플레이션 압력을

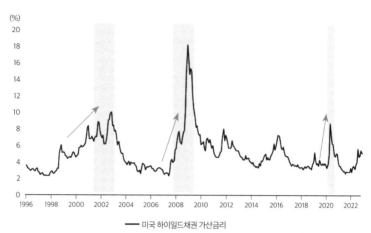

도표 12-13 하이일드 가산금리 추이

(%)

── 미국 하이일드채권 가산금리

· 자료 : Bloomberg
· 회색 부분은 경기침체 구간

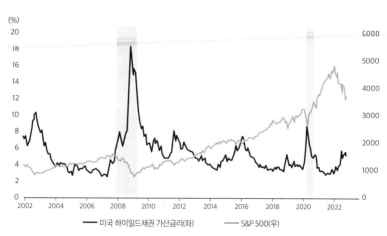

도표 12-14 하이일드 가산금리와 미국주식 추이

(%)

── 미국 하이일드채권 가산금리(좌)   ── S&P 500(우)

· 자료 : Bloomberg
· 회색 부분은 경기침체 구간

제거하려고 한다. 연준리 금리인상은 결국 국채금리 상승을 유발하게 되며, 동시에 신용 가산금리는 감소하게 된다. 경기가 침체되면 이와 반대로 (국채금리 하락과 신용 가산금리 상승) 작동된다. 채권투자자들은 거시경제의 변화를 예측하려고 하는데, 이로 인해 신용 가산금리는 실물경제보다 먼저 움직이는 경향이 있다. 즉 경제보다 선행하는 것이다. 〈도표 12-13〉의 하이일드 가산금리 추이를 보면 항상 경기위험 구간에 진입하기 전에 가산금리가 급속도로 증가하는 모습을 확인할 수 있다.

〈도표 12-14〉를 보자. 리먼브라더스 사태 전 경기사이클을 보면 주가 고점은 2007년 10월이었으나, 시장위험 지표인 가산금리는 5개월 빠른 2007년 5월에 최저점을 기록하고 그 이후 가산금리가 급격히 확대되는 모습을 보였다. 즉 2007년 5월부터 주식 고점 전에 이미 채권시장에서 바라본 시장위험은 급격하게 상승한 것이다. 많은 투자자들이 주식고점에 주식시장에 진입해 큰 손실을 보았다. 당시 대다수 신문에서는 주식이 계속 상승할 것이라고 보도해, 결과적으로는 투자자들을 유인하는 꼴이 되었다. 2008년 경기침체 전에 나온 기사를 보면 다음과 같은 유형의 제목이다.

① 단기조정 와도 상승추세 흔들림 없다(머니투데이, 2007.10.31)
② 국내 주식형 펀드 "지금 투자해도 안 늦다"(서울경제, 2007.10.31)
③ 신흥시장 과열이지만 한국은 더 오른다(머니투데이, 2007.10.31)

하이일드 가산금리 vs 주식시장

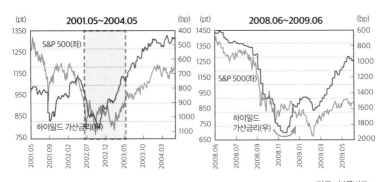

• 자료 : 블룸버그
• 하이일드 가산금리 : 크레딧스위스 하이일드 인덱스 Spread to Worst

내용도 제목과 대동소이하게, 당장은 어려운 것 같아도 지금 투자해도 문제없다는 식이다. 만약 그 당시 주식을 했던 투자자들이 채권시장의 위험지표인 하이일드 가산금리가 그해 5월 이후 급격히 확대되는 것을 보았다면, 무리한 주식투자를 피할 수 있었을 것이다. 그러니 현명한 주식투자를 하려면 반드시 채권시장에서 가산금리 동향을 체크하면서 투자해야 한다. 특히 가산금리가 폭등하는 경우에는 주식투자를 피하는 것이 바람직하다.

〈도표 12-15〉를 보자. 도표를 보면 과거 두 차례 경기침체 때 하이일드 가산금리가 항상 주식 최저점보다 3~6개월가량 선행했다. 2002년 10월에 미국 하이일드 가산금리가 가장 확대되었으나, 주가저점은 이듬해 2003년 3월이었다. 또한 2008년 리먼브라더스 사태 때도 가산금리는 같은 해 11월에 2000bp까지 폭등했으나, 주가 최저점은 이듬해 2009년 2~3월경이었

다. 주가저점에서도 항상 채권 가산금리가 주가지수보다 선행했음을 알수 있다. 실전 투자에서 채권지표는 다음과 같이 활용하면 된다.

- 채권시장 위험지표는 주식보다 선행하므로 주식투자 시 반드시 채권시장 위험지표를 체크해야 한다.

- 채권시장 지표들은 채권시장의 대표적인 시장위험 지표이며, 경기예측에도 매우 유용한 지표이다.
- 실제 경기예측에 활용할 때는 각각의 개별지표보다 3가지 지표를 종합적으로 판단하는 것이 더 좋다.

Chapter 13

● ● ●

채권 & 경제 매크로지표를 통한
주식투자전략

● ● ●

코로나 팬데믹 이후 시중의 풍부한 유동성을 바탕으로 주가가 가파르게 상승하면서, 이른바 동학개미로 불리는 개인투자자들의 개별주식 종목에 대한 투자 열기가 높아졌다. 그러나 증권시장은 상승장만 있는 것이 아니기에 이후 하락과 상승을 반복하면서 시장 흐름에 대다수 개인투자자들이 적절히 대처하지 못하는 상황이 반복되고 있다.

주식시장에서 장기간 살아남으면서 양호한 성과를 거두기 위해서는 개별종목의 Bottom-up 리서치도 필요하지만, 거시 매크로 흐름을 놓치게 되면 항해 중 망망대해에서 표류하는 상황이 될 수 있다. 즉 시장의 큰 그림을 이해하고 개별종목을 투자하게 되면 좀 더 안전하게 주식투자를 할 수 있을 것이다. 한마디로 돌다리를 두드리면서 하는 좀 더 안전한 투자를 할 수 있는 것이다. 다양한 매크로 지표를 근거로 한 주식투자전략 구성이 가능하다. 이에 대한 자세한 설명을 하고자 한다.

● ● ● ●

1. 매크로지표를 통한
주식투자전략

연준금리정책 & 회사채 가산금리에 따른 주식투자전략

　연준금리와 회사채 가산금리는 매크로 기업환경을 판단하는 데 있어 매우 유효한 지표다. 더불어 주식투자전략을 수립할 때도 매우 중요하다.

　연준금리정책은 기본 펀스로 경제성장 빛 인플레이션 속도를 조절하는 거시경제의 장치다. 정책금리인상은 긴축 통화정책을, 정책금리인하는 완화적 통화정책을 의미한다. 긴축 통화정책은 시중의 유동성이 감소함을 의미하기 때문에 버블 자산인 주식시장에는 부정적 영향을 주게 된다. 왜나하면 정책금리가 상승함에 따라 기업의 조달비용이 증가하고, 이는 소비 감소를 초래해 기업이익^{EPS}이 감소하는 결과로 이어지기 때문이다. 또한 주식 밸류에이션 측면에서도 기업의 장기 현금흐름을 할인하는 할인률이 상승하기 때문에 주식의 적정가치$^{Fair\ Price}$도 하락하게 된다.

　회사채 가산금리는 국채금리 대비 발행기업의 부도위험에 따른 위험프리미엄^{Risk premium}으로서 추가적으로 지불해야 하는 금리이므로, 회사채 가산금리변동은 기업들의 이자비용 증가와 기업의 위험도를 직접 보여주는 지표라고 할 수 있다. 또한 회사채 가산금리는 시장의 매크로 경제 위험지표 역할을 하고 있다. 즉 회사채 가산금리가 확대되는 것은 거시경제 위험도가 높아진다는 것을 의미하며, 반대로 회사채 가산금리가 축소되는 것은 거시경제 여건이 개선되고 있으며 매크로 위험이 감소하고 있다는 뜻이다.

정리하면, 연준금리정책은 정책당국의 거시경제 정책 방향인 반면 회사채 가산금리는 개별기업이 받고 있는 거시경제의 영향을 보여 준다. 따라서 두 지표를 동시에 활용하는 것은 주식투자전략을 수립할 때 매우 효과적인 방법일 수 있다.

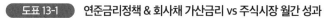

도표 13-1 연준금리정책 & 회사채 가산금리 vs 주식시장 월간 성과

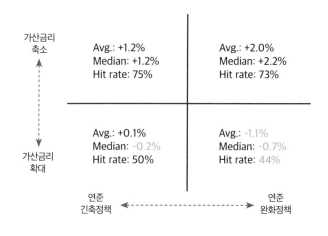

• 자료 : Bofa GLOBAL RESEARCH

〈도표 13-1〉은 BOA 메릴린치가 과거 25년간(1996.01~2022.10) 연준금리정책과 회사채 가산금리 상황에 따른 주식시장 월간 성과를 분석한 자료이다.

해당 자료는 연준금리정책과 회사채 가산금리 방향을 크게 네 국면으로 구분하여 조사했다. 월간 성과순으로 보면 완화적인 통화정책^{Fed easing}과 회사채 가산금리 축소^{Credit easing} 국면이 가장 우수한 성과를 기록했다. 완화적인 통화정책과 회사채 가산금리 축소 구간에서 가장 성과가 좋은 이유는 중앙은행이 경기부양을 목적으로 금리인하 정책을 시행했기 때문이다. 이에 거시경제 여건이 개선되고 있어 회사채 가산금리가 감소하는 것이다. 즉 주식투자를 했을 때 가장 높은 기대수익을 기대할 수 있는 시점은 연준금리와 회사채 가산금리 하락이 동시에 이루어지는 구간이다.

반면 가장 부진한 월간 성과를 보였던 국면은 완화적인 통화정책과 회사채 가산금리 확대^{Credit Tightening} 국면이었다. 이 국면에서 주식 성과가 부진한 이유는 경기침체 가능성이 커졌기 때문이다. 연준은 이에 대비하고자 금리인하를 감행해 완화적인 통화정책을 시행했으나 경기침체 심화와 더불어 매크로 위험도 커지면서 회사채 가산금리 확대로 이어졌다. 여기서 우리가 알 수 있는 것은 연준의 금리인하가 경기침체를 저지하지는 못한다는 것이다. 그저 경기침체로 인한 충격파를 줄이는 효과만 가질 뿐이다.

정리하면, 주식투자를 가장 방어적으로 해야 하는 구간은 정책금리인하와 회사채 가산금리 확대가 동시에 이뤄지는 구간이며, 반면 가장 적극적으로 투자해야 하는 구간은 완화적인 통화정책으로 인해 거시경제 위험이 감소하는 구간인 회사채 가산금리가 축소되는 구간이다. 보통 이 구간에서는 하이일드채권 가격도 급등한다.

따라서 주식투자자들은 주식비중과 포트폴리오의 주식시장 민감도 조절에 있어 중앙은행의 금리정책과 회사채 가산금리 향배를 면밀히 검토하여 전략을 수립할 필요가 있다.

ISM 제조업지수 따른 주식투자전략

미국 주식시장에 가장 큰 영향을 주는 거시경제변수는 노동시장이다. 노동 관련 경제지표는 주식뿐만 아니라 채권과 통화시장에서도 가장 중요한 변수이다.

그럼 주식시장에서 노동시장 다음으로 중요한 거시경제변수는 무엇일까? 이전 챕터를 잘 공부한 독자들은 비로 답할 수 있을 것이다. 그것은 바로 ISM 제조업지수^{PMI 제조업지수}이다.

그럼 왜 주식 성과에 있어 ISM 제조업지수가 중요할까? 주식 성과는 중장기적으로는 기업실적과 연동이 되어 있기 때문이다. ISM 제조업지수는 기업의 비즈니스 환경에 대한 조사 자료이므로 향후 기업실적에 대한 매우 중요하고도 정확한 전망 자료인 동시에 효과적인 설명변수이다.

간단하게 ISM 제조업지수를 복습해보면, 수치가 50 이상이면 경기확장 국면이고, 50 이하이면 경기수축 국면으로 판단한다. 경기상황에 대한 객관적인 판단을 하기 위해서는 특정 월의 수치보다는 추세가 더 중요하다.

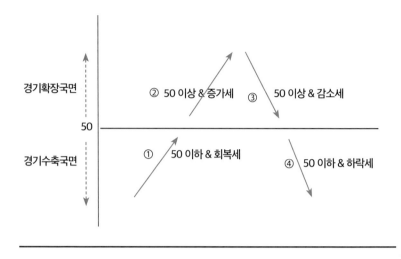

도표 13-2 ISM 제조업지수로 본 경기국면

이를 다시 세분화하면 〈도표 13-2〉와 같이 사분면으로 나눌 수 있다.

첫째 사분면은 ISM 제조업지수의 절대적 수치는 50 이하로 경기수축 국면이지만 추세가 회복세를 보이는 턴어라운드 국면이다. 둘째 국면은 ISM 제조업지수의 수치가 50 이상에서 상승추세를 보이고 있어 경기확장 국면으로 해석된다. 셋째 국면은 ISM 제조업지수가 여전히 50 이상의 경기확장 국면이지만, 추세가 점진적으로 하강하는 국면으로서 이는 경기둔화 국면에 해당된다. 그리고 마지막 네 번째 국면은 현재 제조업 경기상황이 50 이하 경기수축 국면이면서 수치가 감소하고 있어 추가적으로 경기악화가 되고 있는 국면이다.

〈도표 13-3〉은 골드만삭스에서 지난 42년간(1980~2022) ISM 제조업지수의 국면별 월간 주식 성과를 분석한 자료이다.

ISM 제조업지수 국면별 월간 주식 성과

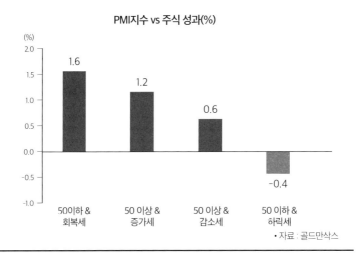

PMI지수 vs 주식 성과(%)

• 자료 : 골드만삭스

분석 결과 주식 성과가 가장 우수한 국면은 ISM 제조업지수가 50 이하이면서 회복 추세일 때였다. 경기침체기에서 경기상황이 본격적으로 턴어라운드할 때 주식 성과가 가장 좋기 때문이다. 반면 가장 저조한 성과를 보인 국면은 50 이하이면서 추세적으로 ISM 제조업지수가 추가 하락하는 국면이다. 이 국면은 거시경제가 본격적으로 경기침체에 진입했다고 해석할 수 있다. 경기침체 국면에서는 기업의 이익이 감소하기 때문에 주식 성과가 가장 부진하다.

따라서 투자자들은 ISM 제조업지수를 참고하여 자산비중 및 주식민감도에 대한 투자전략을 설정할 필요가 있다. 만약 현재 ISM 제조업지수 50 이상이지만 점진적으로 감소하는 추세라면 자산에서 주식비중을 점진적으로 줄이는 식으로 방어적인 태도를 취할 필요가 있다. 반면 현재 ISM 제조업지수는 50 이하이나 점진적으로 개선되는 추세라면 본격적으로 주식 비중을 확대해야 한다.

회사채 가산금리 & 실질금리에 따른 주식섹터 투자전략

이번엔 보다 구체적으로 매크로 자료를 활용해 주식섹터 투자전략을 수립해보기로 하자. 실질금리와 회사채 가산금리를 활용하면 효과적인 주식 섹터별 투자전략을 수립할 수 있다.

실질금리와 주식섹터 성과

실질금리와 주식 스타일 성과를 비교해보면, 일반적으로 실질금리와 성장주Growth는 역비례 관계이며, 반대로 가치주 성과와는 정비례 관계이다.

〈도표 13-4〉는 JPM(2023.04)에서 미국 10년 국채금리와 과거 10년간 성과 연관성을 분석한 자료이다.

시중금리 상승 시 가장 높은 양＋의 상관성을 보인 스타일은 가치주Value 이며, 반대로 금리 상승 시 가장 음－의 상관성을 보인 스타일은 성장주이 다. 즉 금리 상승 시에는 가치주가 우수한 성과를 보이고, 저금리 상황에 서는 성장주가 가치주보다 우수한 성과를 기록한 것을 확인할 수 있다.

금리는 주식섹터별 성과 차이에도 매우 큰 영향을 준다. 〈도표 13-5〉 는 과거 20년간 실질금리와 주식섹터별 성과민감도를 나타낸 것이다.

실질금리 상승 시 크게 수혜를 보는 섹터는 에너지, 금융 같은 가치주 섹

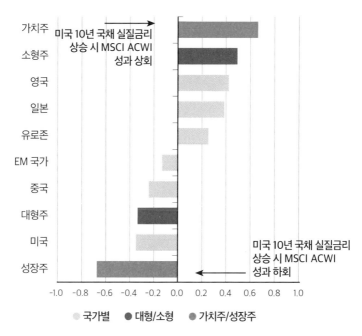

도표 13-4 미국 국채 실질금리 vs 주식스타일(&지역별) 성과 간 과거 10년간 상관성

• 자료 : JP 모건

터들이며, 반대로 가장 부정적인 성과를 보인 섹터는 경기민감주^{Consumer} ^{Disc.}와 기술주 같은 성장주로, 실질금리와 반비례 관계를 보여주었다. 즉 금리가 내려갈수록 경기민감주와 기술주가 더 우수한 성과를 보인다.

회사채 가산금리와 주식섹터 성과

회사채 가산금리는 채권시장에 반영된 거시경제 위험 수준을 보여주는 지표이므로 경기사이클 상황을 확인하는 데 있어 매우 유용하다. 회사채

과거 20년간 실질금리와 주식섹터별 성과민감도

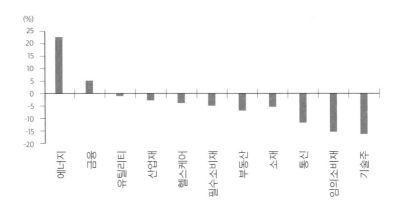

• 자료 : MSCI, Datastream and AXA IM Research, April 2022

가산금리가 높은 상황―거시경제가 위축되는 상황―에서는 하방경직성
이 강하고 배당수익이 높은 경기방어주 투자가 적절하며, 반대로 회사채
가산금리가 하락하는 상황―거시경제가 개선되는 국면―에서는 경기회
복에 따른 수혜를 볼 수 있는 경기민감주가 우수한 성과를 보였다. 경기상
승 국면에서는 금융과 경기민감주가 상대적으로 우수하며, 경기하강 국면
에서는 경기방어주인 필수소비재, 헬스케어 그리고 유틸리티가 상대적으
로 양호한 성과를 보인다.

〈도표 13-6〉은 미국 Capital Group에서 1997년부터 가장 크게 하락
한 8차례 약세장Bear market 상황에서 글로벌주식MSCI World의 섹터별 성과를
분석한 자료이다.

유틸리티Utilities, 헬스케어Heath Care 그리고 필수소비재Consumer staples 섹

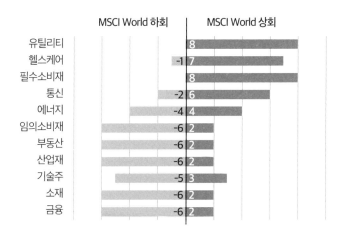

도표 13-6 과거 약세장에서 지수 대비 주식섹터별 상대적 성과

	MSCI World 하회	MSCI World 상회
유틸리티		8
헬스케어	-1	7
필수소비재		8
통신	-2	6
에너지	-4	4
임의소비재	-6	2
부동산	-6	2
산업재	-6	2
기술주	-5	3
소재	-6	2
금융	-6	2

• 자료 : Capital Group

터 성과가 글로벌주식 성과보다 상대적으로 우수했다는 것을 알 수 있다. 주식 하락장에서 우수한 성과를 보인 세 섹터는 대표적인 경기방어주 Defensive 섹터이다.

〈도표 13-6〉을 자세히 보면, 유틸리티 섹터와 필수소비재 섹터는 과거 8차례 하락장에서 글로벌주식 지수보다 우수한 성과를 보였으며, 헬스케어는 한 차례 글로벌지수보다 부진한 성과를 보였으나, 나머지 7차례는 글로벌지수보다 우수한 성과를 보였다.

이제 경기상황 국면별 주식섹터 성과를 구체적으로 분석해보도록 하자. 먼저 간단하게 경기 국면별 특징을 설명하면 다음과 같다.

① 경기침체 Recession

경기침체기에는 개인과 기업의 전반적인 수요뿐만 아니라 산업생산도 감소하여 전반적인 경제활동들이 크게 하락하게 된다. 이 기간은 실업률 증가, 낮은 소비자 신뢰 수준 그리고 국내 생산 감소 등이 특징이다.

이 기간 동안 통화정책 방향은 정책금리인하와 통화공급량을 증가시켜 총수요를 늘리는 데 초점을 맞춘다.

② 경기회복 Recovery

경제상황이 바닥에서는 급격하게 회복되지만, 여전히 장기평균보다는 낮은 수준이다. 이 기간 동안 GDP 성장률과 총수요가 급격하게 회복되면서 기업들은 기업활동 관련 비용을 더 이상 줄이지 않고, 개인들은 경제성장에 대해 점차 긍정적으로 전망한다. 이에 개인들은 저금리 상황을 활용하여 경제활동을 하는 동시에 임의소비재 관련 비용 지출을 늘린다.

③ 경기확장 Expansion

경제성장은 최고치를 향해 간다. 이 기간 동안 장밋빛 경제전망들과 증가하는 기업이익으로 인해 기업들은 증가하는 수요를 충족시키기 위하여 생산성 개선과 비즈니스 확장을 위한 투자를 본격적으로 시작한다. 금리는 상대적으로 낮은 수준에서 점진적으로 상승한다.

④ 경기둔화 Slowdown

산업생산 시설 활용도가 최고치에 도달하게 되고 경제생산이 적정수준을 초과하게 되어 본격적으로 인플레이션을 야기하게 된다. 산업생산이 한계치에 도달했기 때문에 추가적인 경제성장은 제한적이고 느려진다. 이 기간의 통화정책은 경기과열을 제어하기 위하여 긴축금리정책을 구사한다.

글로벌 운용사인 State Street사에서 1960년부터 2018년까지 경기 국면별 주식섹터 성과를 분석한 바 있다. 다음 내용은 경기 국면별 주식섹터별 성과이다.

① 경기침체국면 주식섹터 성과

도표 13-7 **경기침체 국면 주식섹터별 성과**

	Cons. Disc.	Cons. Staples	Energy	Financials	Health Care	Industrials	Materials	Real Estate	Technology	Utilities
Average Monthly Return (%)	-1.5	-0.1	-0.2	-1.8	-0.5	-1.7	-1.4	-2.1	-2.5	-0.3
Average Monthly Excess Return (%)	0.1	1.5	1.4	-0.2	1.1	-0.1	0.2	-1.6	-0.9	1.3
Average Period Return (%)	-12.0	1.0	-3.5	-13.3	-2.0	-14.8	-11.5	-21.8	-20.3	-1.6
Average Period Excess Return (%)	1.0	14.0	9.0	0.0	10.0	-2.0	1.0	-9.0	-7.0	11.0
Hit Rate (% of Months Outperforming the Market)	49.3	70.4	53.5	53.5	59.2	46.5	47.9	41.7	39.4	60.6
Hit Rate (% of Periods Outperforming the Market)	29.0	86.0	71.0	43.0	86.0	29.0	43.0	14.0	14.0	100.0
Aggregated Z-Score	-2.0	8.3	4.6	-2.0	5.2	-3.4	-1.3	-8.6	-7.7	6.8

Source: Kenneth French Data Library, SPDR Americas Research, as of November 30, 2019. The top three sectors are shaded in green. The bottom three are shaded in orange.

- 가장 우수한 주식섹터 : 필수소비재와 유틸리티
- 가장 부진한 주식섹터 : 부동산Real Estate과 기술주Technology

② 경기회복기 주식섹터 성과

도표 13-8 **경기회복 국면 주식섹터별 성과**

	Cons. Disc.	Cons. Staples	Energy	Financials	Health Care	Industrials	Materials	Real Estate	Technology	Utilities
Average Monthly Return (%)	3.4	1.9	2.8	2.4	2.3	2.9	3.0	3.6	3.0	1.8
Average Monthly Excess Return (%)	1.1	-0.3	0.6	0.1	0.0	0.6	0.7	1.3	0.7	-0.6
Average Period Return (%)	33.1	18.0	27.1	23.1	21.4	27.4	29.3	39.2	28.4	14.7
Average Period Excess Return (%)	12.0	-3.0	6.0	2.0	0.0	6.0	8.0	18.0	7.0	-7.0
Hit Rate (% of Months Outperforming the Market)	64.5	43.5	53.2	54.8	46.8	56.5	61.3	68.1	53.2	45.2
Hit Rate (% of Periods Outperforming the Market)	86.0	29.0	57.0	57.0	43.0	71.0	71.0	57.0	71.0	29.0
Aggregated Z-Score	7.3	-7.5	0.8	-1.5	-4.1	2.2	3.8	7.2	2.3	-0.1

Source: Kenneth French Data Library, SPDR Americas Research, as of November 30, 2019. The top three sectors are shaded in green. The bottom three are shaded in orange.

- 가장 우수한 주식섹터 : 임의소비재$^{Cons. Disc}$, 소재^{Materials}, 부동산
- 가장 부진한 주식섹터 : 경기방어주(필수소비재, 유틸리티, 헬스케어)

③ 경기확장기 주식섹터 성과

도표 13-9 **경기확장 국면 주식섹터별 성과**

	Cons. Disc.	Cons. Staples	Energy	Financials	Health Care	Industrials	Materials	Real Estate	Technology	Utilities
Average Monthly Return (%)	1.4	0.9	1.2	1.7	1.0	1.4	1.2	1.5	1.8	0.7
Average Monthly Excess Return (%)	0.1	-0.4	-0.2	0.4	-0.3	0.1	-0.2	0.1	0.5	-0.8
Average Period Return (%)	16.6	10.6	15.5	18.7	10.8	16.2	13.1	17.8	21.0	7.6
Average Period Excess Return (%)	1.0	-5.0	0.0	3.0	-4.0	1.0	-2.0	3.0	6.0	-8.0
Hit Rate (% of Months Outperforming the Market)	50.7	47.8	47.8	58.0	47.3	51.7	46.6	51.7	51.7	41.5
Hit Rate (% of Periods Outperforming the Market)	73.0	45.0	45.0	91.0	27.0	55.0	55.0	55.0	82.0	9.0
Aggregated Z-Score	2.8	-4.7	-0.9	6.0	-8.0	2.1	-1.9	3.3	7.6	-10.3

Source: Kenneth French Data Library, SPDR Americas Research, as of November 30, 2019. The top three sectors are shaded in green. The bottom three are shaded in orange.

- 가장 우수한 주식섹터 : 금융^{Financials}, 부동산, 기술주
- 가장 부진한 주식섹터 : 경기방어주(필수소비재, 유틸리티, 헬스케어)

④ 경기둔화기 주식섹터 성과

도표 13-10 경기둔화 국면 주식섹터별 성과

	Cons. Disc.	Cons. Staples	Energy	Financials	Health Care	Industrials	Materials	Real Estate	Technology	Utilities
Average Monthly Return (%)	0.3	1.3	1.0	1.0	1.3	1.1	0.9	0.5	1.0	1.0
Average Monthly Excess Return (%)	-0.1	0.3	0.0	0.0	0.3	0.1	-0.1	-0.4	0.0	0.1
Average Period Return (%)	5.5	14.6	8.5	13.7	15.0	11.9	6.5	2.4	10.1	11.8
Average Period Excess Return (%)	-8.0	4.0	-2.0	4.0	5.0	2.0	-4.0	-8.0	0.0	2.0
Hit Rate (% of Months Outperforming the Market)	48.9	57.9	51.4	48.0	54.2	53.1	48.3	44.7	48.9	50.3
Hit Rate (% of Periods Outperforming the Market)	36.0	73.0	55.0	36.0	73.0	73.0	38.0	27	45.0	55.0
Aggregated Z-Score	-6.4	8.1	-0.3	0.5	7.3	3.8	-3.8	-10.9	-0.9	1.4

Source: Kenneth French Data Library, SPDR Americas Research, as of November 30, 2019. The top three sectors are shaded in green. The bottom three are shaded in orange.

- 가장 우수한 섹터 : 필수소비재, 헬스케어, 산업재^{Industrials}
- 가장 부진한 섹터 : 임의소비재, 소재, 부동산

주식섹터 성과는 경기 국면별로 매우 상이하게 움직이는 것을 확인할 수 있다. 따라서 주식투자전략을 수립할 때는 매크로 상황을 잘 분석하여 해당 국면에 맞는 섹터 비중을 확대하는 것이 매우 중요하다.

〈도표 13-11〉은 경기 국면별 성과를 종합적으로 정리한 것이다.

경기사이클 주식섹터 성과

Sector Z-Scores for

	Cons. Disc.	Cons. Staples	Energy	Financials	Health Care	Industrials	Materials	Real Estate	Technology	Utilities	Comm. Services
Recession	-2.0	8.3	4.6	-2.0	5.2	-3.4	-1.3	-6.6	-7.7	6.6	-4.3
Recovery	7.3	-7.6	0.8	-1.5	-4.1	2.2	3.8	7.2	2.3	-9.1	1.1
Expansion	2.8	-4.7	-0.9	8.0	-5.0	2.1	-1.9	3.3	7.6	-10.3	3.9
Slowdown	-5.4	8.1	-0.3	0.5	7.3	3.8	-3.8	-10.8	-0.9	1.4	-1.9

Source: SPDR Americas Research, as of November 30, 2019. The top three sectors are shaded in green. The bottom three are shaded in orange.

경기상황별 우수한 성과를 보인 섹터를 정리하면 다음과 같다.

① **경기침체기** : 필수소비재, 유틸리티

② **경기회복기** : 임의소비재, 소재, 부동산

③ **경기확장기** : 금융, 부동산, 기술주

④ **경기둔화기** : 필수소비재, 헬스케어, 산업재

지금까지 실질금리와 경기 국면별로 주식섹터를 분석해봤다. 두 매크로 변수—실질금리와 경기 국면—를 고려하여 주식투자전략을 수립하면 더 정교하고 효과적인 주식투자전략을 수립할 수 있을 것이다.

문제는 개인투자자들이 경기 국면을 판단하기가 생각보다 복잡하고 어렵다는 데 있다. 이때 경기 국면을 직관적으로 해석할 수 있는 지표로 회사채 가산금리를 추천한다. 경기침체기에는 회사채 가산금리가 매우 높은 반면, 경기회복기는 회사채 가산금리가 큰 폭으로 감소된다. 또한 경기확장기에는 회사채 가산금리가 매우 안정적으로 낮게 유지되고, 경기둔화기에는 점진적으로 회사채 가산금리가 확대되기 시작한다.

〈도표 13-12〉는 S&P 500 지수 대비 주식섹터별 초과성과와 두 변수—10년 국채 실질금리와 회사채 가산금리—를 활용하여 과거 5년간 상관성을 분석한 자료이다.

두 거시경제변수에 따른 주가지수 대비 주식섹터별 초과성과 상관성은 크게 사분위로 나누어 해석된다.

첫 번째 국면은 실질금리가 높으면서 회사채 가산금리가 높게 유지되는 경기상황으로, 경기방어주 섹터들이 실질금리 그리고 회사채 가산금리 변동과 양의 상관성을 보이고 있다. 이는 해당 경기 국면에서는 S&P 500 지수보다 경기방어주 섹터들이 더 우수한 성과를 보인다는 의미이다.

두 번째 국면은 실질금리는 낮지만 여전히 회사채 가산금리가 높은 경

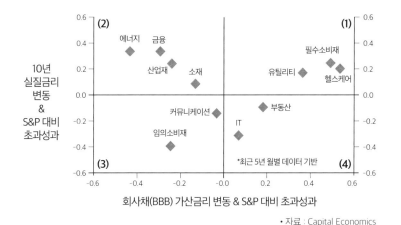

도표 13-12　**S&P 500 지수 주식섹터 초과성과 vs. 실질금리 & 가산금리 상관성**

S&P 500 대비 초과성과 &
실질금리/BBB 회사채 가산금리 간 5년간 상관성

• 자료 : Capital Economics

기상황으로, 금리인하로 인해 시중금리는 낮아지고 있지만 경기 불확실성은 여전히 높다고 보는 것이다. 〈도표 13-12〉를 보면 기술주와 부동산 섹터가 여기에 해당된다. 실질금리와는 음의 상관성을, 회사채 가산금리 변동과는 양의 상관성을 보이고 있다. 즉 해당 섹터들은 실질금리가 낮아지면 수혜를 보며, 동시에 경기둔화 국면에서 상대적으로 하방경직성이 있음을 알 수 있다.

세 번째 국면은 실질금리와 회사채 가산금리 변동과 모두 음의 상관성을 보인 섹터다. 해당 경기 국면은 금리와 회사채 가산금리 모두 낮은 국면이므로 경기회복 국면에 해당하며, 경기민감주가 이 구간에서 S&P 500 지수 대비 상대적으로 우수한 성과를 보인다. 따라서 경기회복 국면에서는 경기민감주를 확대할 필요가 있다.

마지막 국면은 실질금리와는 양의 상관관계를, 회사채 가산금리 변동과는 음의 상관관계를 보이는 섹터다. 이 국면에서는 실질금리는 높으나 경기상황은 상호하여 회사채 가산금리가 낮게 형성된다. 이때는 금융, 에너지, 산업재 등의 가치주 섹터가 지수 대비 우수한 성과를 보인다.

따라서 투자자들은 주식섹터 투자전략을 수립하기 전에 실질금리 수준과 회사채 가산금리 수준 및 방향을 점검하여 투자하는 것이 바람직하다.

● ● ●

2. 경기침체 시 주식투자전략

경기침체 vs 주식 저점

많은 투자자가 주식이 경제보다 선행성을 가지고 있어 경기침체 이전에 주식의 저점이 형성될 것이라고 오해한다. 그러나 역사적으로 주식 저점은 항상 경기침체 가운데에서 발생했다. 지금껏 침체 전에 주식 저점이 형성된 적은 한 번도 없다. 즉 너무 성급하게 저점을 예상하여 주식 비중을 확대하면 어려움을 겪을 수 있다는 의미이다.

1960년 이후 미국의 경기침체는 총 9번 발생했고 저점은 모두 경기침체 중에 발생했다. 〈도표 13-13〉은 JPM(2023.4)에서 경기침체기 실업률 고점과 주식 저점 시기를 비교 분석한 자료이다.

〈도표 13-13〉을 보면 몇 가지 특징을 발견할 수 있다.

① 경기침체 전에 주식 저점은 형성되지 않았다.

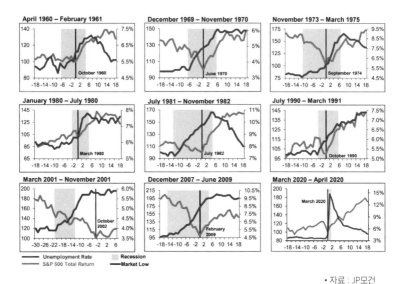

• 자료 : JP모건

② 수식 저점은 경기침체 한가운데서 형성되었다.

③ 주식 저점이 실업률 고점보다 먼저 형성되었다.

④ 실얼률 고점은 경기침체 마무리 시점에 형성되었다.

　구체적으로 경기침체 시작 시점과 주식 저점 시기를 비교해보면 〈도표 13-14〉와 같다. 〈도표 13-14〉는 CS에서 과거 60년간 경기침체 시 주식 저점 시점을 분석한 자료이다.

　1960년 이후 경기침체 시작 시점 대비 주식의 저점 시기는 평균적으로 11개월의 시차가 발생했다. 또한 주식의 저점은 평균적으로 경기침체가 끝나기 4개월 전에 형성되었다.

Figure 7: Markets trough after a recession, not before

주식시장 저점	경기침체 시작 시기	시차(Months)
Oct 1960	Apr 1960	6
May 1970	Dec 1969	5
Oct 1974	Nov 1973	10
Aug 1982	Jan 1980	31
Oct 1990	Jul 1990	2
Oct 2002	Mar 2001	19
Mar 2009	Dec 2007	14
Mar 2020	Feb 2020	1
	Average:	**11**

Source: Credit Suisse Research, Refinitiv Datastream

주식투자를 현명하게 하고자 한다면 경기침체 여부를 정확하게 판단하는 것이 매우 중요하다. 경기침체 가능성이 높아진다면 최대한 주식투자를 보수적으로 할 필요가 있다.

경기침체 & 주식 저점 발생 전 주요 매크로 환경

주식투자에서 경기침체를 정확하게 예상하는 것은 매우 중요하지만 불행하게도 매우 어려운 일이다. 다만 채권시장지표와 매크로지표를 종합적으로 분석하면 그 예측력을 높일 수는 있다.

경기침체 및 주식 저점 전에 발생하는 주요 매크로경제 지표

① 금리 역전 상황 해소 Yield Curve Steepening : 역전된 장단기금리가 해소되

어 금리곡선이 급격하게 우상향으로 전환

② **대출 여건 악화** Tighter Credit Conditions : 경기침체 시에는 항상 대출 여건
이 타이트해짐

③ **첫 번째 연준의 금리인하** : 경기침체가 예상될 때 경기부양을 위하여
정책금리인하를 개시함

④ **초기 실업수당청구건수 상승** : 노동 관련 지표들은 경기침체와 다소
시차를 두고 반영되는 경향이 있다. 따라서 노동시장의 초기 변화 모
습을 확인할 수 있는 초기 실업수당청구건수는 매우 효과적인 경기
침체 전조라 할 수 있다. 일반적으로 실업수당청구건수가 상승으로
전환할 때 경기침체에 진입한다.

개별 경기침체 전조 신호들을 자세히 설명하면 다음과 같다.

① 장단기금리 역전현상 해소

국채금리곡선 역전현상은 경기침체를 가장 선제적으로 확인할 수 있는,
정확도가 높은 예측 지표이다. 경기침체 직전에는 역전된 장단기금리곡선
이 정상화된다.

일반적으로 10y/2y 장단기금리 역전현상이 발생하고 1~2년 후에 경
기침체 시점이 도래한다. 10y/3m 장단기금리 역전현상의 경우에는 발
생하고 빠르면 6개월, 늦어도 12개월 이내에 경기침체가 발생한다. 특히
10y/3m 장단기금리 역전현상은 역사적으로 모든 경기침체 전에 이 현상
이 발생했다.

장단기 금리곡선 역전과 경기침체

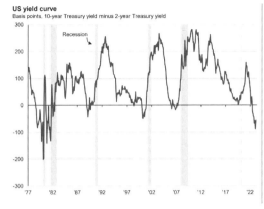

US yield curve
Basis points, 10-year Treasury yield minus 2-year Treasury yield

Yield curve inversion and recessions
Number of months from

Yield curve inversion date	Curve inversion to S&P 500 peak before recession	S&P 500 peak to start of recession	Curve inversion to recession
Aug '78	18	0	18
Sep '80	3	8	11
Dec '88	19	1	20
May '98	22	12	34
Dec '05	22	3	25
Median	19	3	20
Average	17	5	22

• 자료 : JP모건

도표 13-16　장단기금리 역전현상이 해소되는 것은 임박한 경기침체 징조

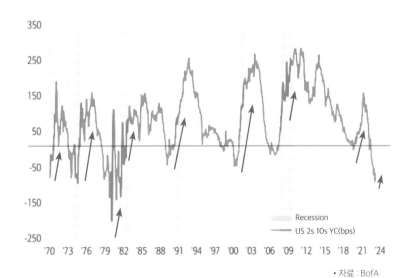

Recession
US 2s 10s YC(bps)

• 자료 : BofA

그러나 역설적으로 경기침체 직전에는 그동안 역전되었던 장단기금리차가 축소되고 정상적으로 우상향 금리곡선으로 바뀌게 된다. 1970년 이후 모든 경기침체 직전에는 역전되었던 국채금리곡선이 정상화되었다.

장단기금리 역전현상의 해소는 경기침체와 주식시장에 어떠한 영향을 줄까?

이를 해석하기 위해서는 국채금리곡선에서 단기금리(2y, 3m)와 장기금리(10y)에 영향을 주는 변수를 점검해봐야 한다. 먼저 단기금리는 장기금리에 비해 정책금리, 즉 연준금리에 많은 영향을 받는다. 특히 3개월 금리는 연준금리정책과 매우 밀접하게 움직인다. 반면 장기국채금리(10y)는 상대적으로 연준금리의 영향을 덜 받으며, 오히려 시장 참여자들이 판단하는 향후 거시경제 전망에 더 영향을 받는다.

일반적으로 경기침체 직전 내지 주식 저점 이전에 발생하는 장단기금리 역전현상이 해소되는 것은 단기금리가 장기금리보다 더 빨리 하락했기 때문이다. 즉 연준의 금리인하에 대한 기대감으로 단기국채금리가 하락하여 장단기금리 역전현상이 해소되는 것이다. 이처럼 단기금리하락으로 금리곡선이 우상향하는 현상을 Bull Steepening이라 한다. 이런 현상은 경기침체 직전에 나타나는데, 그만큼 경기상황이 좋지 못하기 때문에 정책금리인하를 통한 경기부양에 대한 기대감이 반영되어 있다.

장단기금리 역전과 해소현상은 크게 네 유형으로 정리할 수 있다.

- Bear flattening : 단기금리가 장기금리보다 더 빠르게 상승하는 상황
- Bull flattening : 장기금리가 단기금리보다 더 빠르게 하락하는 상황

- Bull steepening : 단기금리가 장기금리보다 더 빠르게 하락하는 상황
- Bear steepening : 장기금리가 단기금리보다 더 빠르게 상승하는 상황

네 유형의 금리곡선 움직임은 정책금리와 매크로 환경에 따라 순차적으로 진행된다.

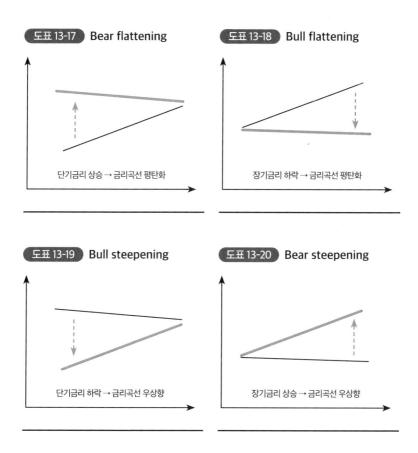

Chapter 13. 채권 & 경제 매크로지표를 통한 주식투자전략

따라서 경기침체 전에 세 번째 유형인 Bull steepening 현상, 즉 연준 금리가 인하될 거라는 기대감 아래 단기물 수요가 증가하면서 단기금리가 하락했고, 이에 금리곡선이 우상향으로 전환되는 현상이 발생한다.

이후 경기침체에서 경기회복으로 전환하는 시점에서는 네 번째 국면인 Bear steepening 현상이 발생하는데, 이는 경기회복에 대한 기대감으로 장기국채 수요가 감소하면서 단기금리보다 장기금리가 더 상승한 데 이유가 있다. 이처럼 금리곡선으로 경기상황 흐름을 예측하고 판단하는 것은 매우 효과적인 방법이다.

Bull flattening에서 Bull steepening으로 전환되는 국면은 경기침체로 진입하는 과정으로 해석할 수 있다.

〈도표 13-22〉는 모건스탠리가 조사한, 금리곡선에 따른 자산별 월간

도표 13-21 **경기사이클 vs 금리곡선 변화**

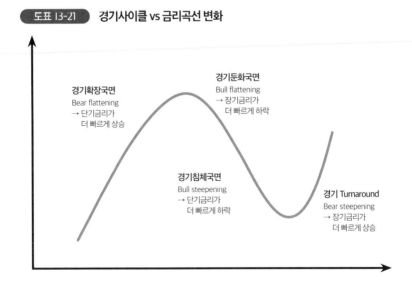

금리곡선 변화에 따른 자산별 성과

	Average Monthly Returns in UST Curve Scenarios			
	Bull Steepeen	Bear Steepeen	Bear Flatten	Bull Flatten
Average				
MSCI ACWI	-0.8%	1.1%	0.5%	0.5%
DXY	-0.9%	0.1%	0.6%	0.1%
UST 10Y	1.9%	-1.0%	-0.9%	1.8%
US IG	-0.5%	0.4%	0.2%	-0.1%
US HY	-1.6%	1.2%	0.7%	-0.2%
Gold	1.4%	-0.1%	-0.4%	1.1%

• 자료 : 모건스탠리

분석 자료이다. Bull Steepen 국면에서는 국채투자 성과가 양호한 반면, 글로벌주식 성과는 부진했다. 반면 Bear Steepen 구간에서는 글로벌주식과 HY채권이 가장 우수한 성과를 기록했다.

② 자금조달 여건 악화

연준이 정책금리인상을 지속할수록 기업들과 개인들의 자금조달 여건은 더욱 타이트해진다. 이처럼 경제 주체들의 자금조달 여건이 악화되면 소비 둔화로 이어지고 결국 노동수요가 감소하고 만다. 대출 여건이 악화된다는 것은 개인들의 대출이 감소한다는 것을 의미한다. 역사적으로 모든 경기침체 직전에 이런 현상이 발생했다.

소비는 미국경제 성장률의 70%를 차지하는데, 개인의 대출 여건이 어려워진다는 것은 결국 소비를 감소시키는 결과를 초래하기 때문이다. 또한 기업의 대출 감소는 기업의 비즈니스 심리 악화를 초래해 결과적으로 노

SLOOS와 경기침체

▌ FRB Senior Loan Officer Survey: 소비자 대상 대출 의향

Source: BofA Research Investment Committee, Haver, FRB

동 수요 감소로 이어진다. 미국의 노동수요, 즉 일자리 창출의 절반 이상
은 중소기업이 담당하고 있다. 〈도표 13-24〉는 중소기업의 대출 여건에
따라 노동수요가 변화하고 있음을 보여준다.

도표 13-24 **중소기업 대출 여건 vs 신규 실업수당청구건수**

Source: BofA Global Investment Strategy, Bloomberg

즉 중소기업 대출 여건의 악화로 노동수요가 감소할 경우 초기 실업수당청구건수는 증가한다. 반면 중소기업 대출 여건이 양호해지면 기업환경이 좋아지면서 중소기업은 채용을 늘릴 것이기 때문에 초기 실업수당청구건수도 감소하게 된다. 따라서 자금조달 여건 악화는 경기침체의 직접적인 요인이 된다.

이런 자금조달 여건을 판단할 수 있는 지표가 있다. 바로 Senior Loan Officer Survey이다. 이 지표는 미 연준이 시중은행 대출 최고 책임자들에게 향후 대출 기준을 강화할지 혹은 완화할지에 대한 의향을 조사하는 분기별 지표이다. 만약 이 지표의 마이너스값이 크다면 대출 기준을 완화하겠다는 의향이 큰 것이며, 반대로 지표의 플러스값이 크다면 향후 대출

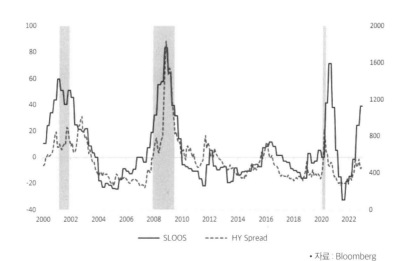

도표 13-25 　중소기업 대출 여건 vs. 하이일드 가산금리

—— SLOOS　----- HY Spread

• 자료 : Bloomberg

기준을 강화하고자 하는 의향이 크다고 할 수 있다.

일반적으로 SLOOS가 상승하면 가산금리도 증가했고, SLOOS가 하락하면 가산금리도 하락했다. 과거 모든 경기침체 시점에서 먼저 SLOOS가 크게 상승했고 이후 하이일드채권 가산금리도 시차를 두고 급증하여 경기침체 구간으로 진입했다.

③ 첫 번째 연준의 금리인하

역사적으로 경기침체와 주식의 저점이 형성되기 전에 시행되던 것이 연준의 금리인하였다. 일반적으로 금리인하는 경기부양을 목적으로 하지만

도표 13-26　　연준금리사이클 vs 주식 저점

• 자료 : BofA

경기침체를 피하지는 못했다. 그저 경기침체로 인한 경제의 충격파를 최소화하고 빠르게 경기를 회복하는 것이 주된 목표였다. 즉 연준의 금리인하는 그만큼 경기침체에 임박했다는 시그널이었다. 역사적으로 연준이 금리인하를 개시했을 때 일정 시간이 경과한 후에 주식시장이 저점을 형성했다.

1970년 이후 경기침체에 따른 연준의 금리인하가 진행되었을 때 빨랐을 때는 2개월 뒤에, 가장 늦었을 때는 20개월 뒤에 주식이 저점을 찍었다. 경기침체 시 약세장은 연준의 금리인하 이후 25% 이상 하락했다. 연준이 금리인하를 시작한 것은 그만큼 경기 여건이 안 좋다는 반증이었다.

④ 초기 실업수당청구건수 상승 전환

도표 13-27 　신규 실업수당청구건수(4주 평균) vs 경기침체

Source: Department of Labor

BofA GLOBAL RESEARCH

실업수당 저점과 경기침체 시작 시차(왼편), 실업수당 고점과 경기침체
종료 시차(오른편)

Months that Troughs Precede Recessions			Months that Peaks Follow Recessions		
First Month of Recession	Initial Claims	Continued Claims	Last Month of Recession	Initial Claims	Continued Claims
Dec 1969	7	6	Oct 1970	0	1
Nov 1973	8	7	Feb 1975	0	3
Jan 1980	14	14	Jun 1980	0	1
Jul 1981	3	3	Oct 1982	0	1
Jul 1990	20	20	Feb 1991	1	3
Mar 2001	11	10	Oct 2001	0	7
Dec 2007	22	19	May 2009	-2	1
Feb 2020	5	5	Mar 2020	1	2
?	?	?	?	?	?
Average	11	11	Average	0	2
0 means trough coincided with the recession end			0 means peak coincided with the recession end		

과거 경기침체 전에 초기 실업수당청구건수는 상승으로 전환한 지 얼마
안 있어 경기침체로 진입했다. 실제 1960년 이후에는 경기침체 직전에 실
업수당청구건수가 상승했다.

평균적으로 초기 실업수당청구건수가 상승으로 전환하고 11개월 후에
경기침체 구간으로 진입했으며, 경기침체가 끝난 시점은 초기 실업수당청
구건수가 하락하기 시작하는 시점과 맞물렸다.

경기침체기에 약세장 저점을 찾기란 쉽지 않다. 그러나 지금까지 언급
한 다양한 매크로 지표—금리곡선 우상향, 자금조달 여건 악화 그리고 초
기 실업수당 상승 전환 등—는 주식 저점이 형성되기 전에 나타나는 현상
이므로, 이 지표들을 종합적으로 판단하면 주식의 저점을 어느 정도는 잡
을 수 있을 것으로 예상된다.

채권투자 처음공부

포프리라이프(석동민) 지음 | 300쪽 | 21,000원

막 채권에 입문했거나 입문하고 싶어 하는 개인투자자를 위해 쓰인 채권 책이다. 개인투자자가 쓴 개인투자자를 위한 입문서라는 점에서도 특별하다. 수많은 경제 변수에 따라 큰 위험이 동반하는 투자 수단들과 달리 채권투자는 배우기만 하면 누구나 쉽고 안전하게 효율적인 수익률을 거머쥘 수 있다.

ETF 처음공부

김성일 지음 | 524쪽 | 21,500원

'자산배분의 대가'로 불리는 김성일 작가의 신작으로 ETF의 기본 개념과 용어 설명은 물론이고 국가별·자산별·섹터별 투자 가능한 ETF들과 투자성과까지 조사한 책이다. 저자는 ETF로 언제든 수익을 낼 수 있는 투자 포트폴리오는 물론이고 ETF별 수익률을 낱낱이 공개하며 초보자로 하여금 보다 안전한 투자를 할 수 있게끔 도와준다. 단적으로 책에 나열된 수익률만 보고도 투자가 가능하다.

딥 밸류

투비아스 칼라일 지음 | 김인정 옮김 | 448쪽 | 19,500원

딥 밸류는 '초저평가 영역에 있는 주식'을 뜻한다. 이런 주식들은 일반적으로 가치투자자들이 선호하는 '저평가 기업'의 모습과 다르다. 투자자들이 외면하고 주가가 급락하며 실적이 하락한 기업이 대부분이다. 이 책의 저자 토비아스 칼라일은 이런 '딥 밸류', 즉 '초저평가 주식'에 기회가 있다고 보고, 80여년의 시장을 대상으로 백테스트하면서 가장 좋은 성과를 낸 공식을 찾아냈다.

주식에 장기투자하라

제러미 시겔 지음 | 이건 옮김 | 신진오 감수 | 520쪽 | 27,000원

제러미 시겔 교수는 '장기투자의 대상으로는 주식만큼 위험이 낮고 수익이 높은 자산은 없다'는 명제를 처음 제시하고 이를 체계적으로 증명한 사람이다. 이 책은 출간과 동시에 세계적인 베스트셀러가 되었으며, 주식투자자라면 꼭 읽어야 할 필독서로 꼽힌다. 와튼스쿨에서 교재로도 쓰이는 이 책은 200년 가까운 주식시장 데이터를 바탕으로 주식투자 불변의 법칙을 제시하고 있다.

시장의 마법사들

잭 슈웨거 지음 | 임기홍 옮김 | 598쪽 | 26,000원

세계 최고의 트레이더 17인의 인터뷰집이다. 성공한 트레이더는 시장에서 어떤 방법을 사용하였는지, 어떻게 항상 시장에서 높은 수익을 올릴 수 있었는지, 어떤 매매원칙을 고수하였는지, 초기 매매경험은 어땠했는지, 나른 트레이더들에게 어떤 조언을 해주고 싶었는지를 밝힌다.

초수익 성장주 투자

마크 미너비니 지음 | 김태훈 옮김 | 김대현 감수 | 400쪽 | 25,000원

'투자의 신'이라 불리는 마크 미너비니의 국내 첫 번역본이다. 마크 미너비니가 말하는 성장주는 재무제표 면에서 확실하게 성장하는 종목이다. 초수익은 운으로 만들어지지 않는다. 마크 미너비니가 공유한 투자법을 통해 모두 차세대 애플, 구글, 스타벅스를 찾길 바란다.

투자를 어떻게 할 것인가

모니시 파브라이 지음 | 김인정 옮김 | 267쪽 | 10,000원

저자는 워런 버핏이 설립한 파트너십을 모델로 시장에서 경이적인 수익률을 기록한 파브라이 인베스트먼트 펀드 투자 그룹의 대표이다. 파브라이는 워런 버핏의 열렬한 추종자이며, 버핏의 가치투자 방식을 한 단계 더 발전시킨 '단도투자' 법칙으로 '위험은 최소화하면서 이익을 최대화하는 방법'을 실제로 입증한 인물이다. 이 책에서 부를 극대화하는 방법을 배우고, 그의 투자 핵심원칙과 아이디어를 따라 할 수 있다.

반도체 제국의 미래

정인성 지음 | 440쪽 | 22,000원

4차 산업혁명 시대, 반도체는 선택의 문제가 아닌 생존의 문제이다. 미국의 공세, 중국의 야망, 대만·일본의 추격… 치열한 경쟁의 세계에서 우리 삶을 좌우할 새로운 제국은 누가 차지할 것인가. 삼성전자, 인텔, TSMC, 엔비디아 등 21세기 승자의 법칙을 통해 흔들리는 패권 속 미래를 전망해본다.

데이비드 드레먼의 역발상 투자

데이비드 드레먼 지음 | 신가을 옮김 | 616쪽 | 26,000원

역발상 투자법이 지금처럼 대중화되고 상승장이든 하락장이든 상관없이 시장대비 월등히 높은 수익률 거두는 투자법으로 자리 잡은 것은 오로지 데이비드 드레먼의 연구와 노력 덕분이다. 드레먼은 역발상 투자가 시장을 이길 수밖에 없는 이유와 역발상 투자의 구체적인 방법 제시, 역사적으로 검증 가능한 데이터로 증명해냈다는 점에서 명실상부한 역발상 투자법의 대가라고 할 수 있다.

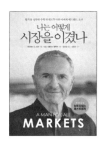

나는 시장을 어떻게 이겼나

에드워드 O. 소프 지음 | 김인정 옮김 | 신진오 감수 | 596쪽 | 25,000원

미국의 MIT공대 수학 교수를 지낸 천재 수학자, 퀀트투자의 아버지 에드워드 소프는 라스베이거스에서 블랙잭 게임으로 카지노를 이겼고, 월스트리트 주식시장 최초의 퀀트 기법으로 30년 동안 연평균 20프로 이상의 수익률을 올린 전설적인 인물이다. 이 책으로 에드워드 소프의 투자와 철학을 만나볼 수 있다.

돈이란 무엇인가

앙드레 코스톨라니 지음 | 서순승 옮김 | 396쪽 | 15,000원

코스톨라니가 80여 년 투자인생에서 겪은 돈과 관련된 다양한 이야기들을 엮은 책이다. 90세가 넘어서도 열정적으로 증권 강연을 하고, 칼럼을 쓰고, TV에도 출연했던 그의 돈에 대한 열정이 이 책에 담겼다. 또한 투자를 긍정적으로 바라보고 투자를 즐긴 위대한 현인의 '돈에 대한 철학' 혹은 '투자에 대한 철학'을 이 책에서 느낄 수 있을 것이다.

워런 버핏과의 점심식사

가이 스파이어 지음 | 이건 옮김 | 296쪽 | 17,900원

저자는 이 책에 워런 버핏과의 점심식사의 순간들을 가감 없이 진술하고 생생하게 묘사한다. 또한 워런 버핏과의 식사를 통해 배운 교훈을 정리하여 독자들과 나눈다. 물론 책에는 자신만만한 풋내기 투자자로 시작한 저자가 어떻게 투기꾼으로의 모습을 벗어버리고 가치투자자로 거듭났는지에 대해서도 공유하고 있다.

투자의 미래

제러미 시겔 지음 | 이은주 옮김 | 552쪽 | 22,000원

워런 버핏이 "제러미 시겔의 투자 원칙은 반드시 읽고 배워야 한다!"며 강력 추천한 책이기도 하다. "어떤 종목을 장기 보유해야 하는가?", "이미 가속화된 고령화 시대에서 어떻게 포트폴리오를 구성해야 하는가"라는 투자자들의 숱한 질문에 대해 시겔 교수가 내놓은 대답은 초보 투자자와 전문 투자자, 그리고 청년과 장년, 노년의 구별을 무색하게 만든다.

현명한 지표 투자

고재홍, 새로운길 지음 | 304쪽 | 18,800원

책이 말하고자 하는 바는 분명하다. '이익이 증가하는 기업을 찾는 것'이다. 그 힌트는 사업보고서와 유관기관의 통계자료 등 여러 지표에 있다. 즉 업종 지표가 개선되면 기업 이익이 증가하고, 이는 곧 기업 주가로 나타난다는 것이다. 『현명한 지표 투자』는 8가지 업종을 예로 들어 지표를 분석하는 방법을 알려 준다.

어느 주식투자자의 회상

에드윈 르페브르 지음 | 박성환 옮김 | 440쪽 | 10,000원

이 책의 작가 에드윈 르페브르는 20세기 전반 주식시장을 주름잡던 '월스트리트의 황제' 제시 리버모어를 인터뷰하여 만든 가공의 인물 래리 리빙스톤을 이 책에 소개함으로써 현대의 금융시장을 이해하는 핵심 코드인 제시 리버모어의 주식시장을 간단히 꿰뚫어버릴 수 있는 해법을 소개한다.

현명한 반도체 투자

우황제 지음 | 456쪽 | 22,000원

광범위한 반도체 산업의 이론적인 디테일을 쉽게 풀어 반도체 소재·설계·장비 분야의 투자까지 연결할 수 있도록 도와주는 유일무이한 책이다. 전기전자공학을 전공하고 10년이 넘는 세월 동안 산업의 구별 없이 200개 이상의 기업에 대해 보텀업과 톱다운 분석을 꾸준히 진행해 온 저자의 내공이 담겨 있다.